孩子要严管

——规则成就孩子未来

◎黄 芳 刘长海/著

SPM 南方出版传媒 广东人民出版社
·广州·

图书在版编目（CIP）数据

孩子要严管——规则成就孩子未来 / 黄芳，刘长海著. —广州：广东人民出版社，2011.8（2018.10重印）
ISBN 978-7-218-07252-4

Ⅰ. ①孩… Ⅱ. ①黄… ②刘… Ⅲ. ①家庭教育 Ⅳ. ①G78

中国版本图书馆CIP数据核字（2011）第155401号

Haizi Yao Yanguan——Guize Chengjiu Haizi Weilai
孩子要严管——规则成就孩子未来
黄芳 刘长海 著

出 版 人：肖风华

责任编辑：林小玲 黄丽颖 陶潇潇
责任技编：周 杰 吴彦斌

出版发行：广东人民出版社
地 址：广州市大沙头四马路10号（邮政编码：510102）
电 话：（020）83798714（总编室）
传 真：（020）83780199
网 址：http://www.gdpph.com
印 刷：广州市穗彩印务有限公司
开 本：889mm × 1194mm 1/16
印 张：11.5 字 数：115千
版 次：2011年8月第1版 2018年10月第2次印刷
定 价：30.00元

如发现印装质量问题，影响阅读，请与出版社（020-83795749）联系调换。
售书热线：（020）83780517

40条爱的管理规则

面对“小皇帝”，许多父母不敢管、不会管，不敢教、不会教。怕伤害他们，得罪他们，家长们只能不断迁就，不断赞扬，孩子变得越来越自私自利，唯我独尊，远离正确的人生轨道，甚至产生悲剧……

管理不是“虎妈”式的责骂与控制，严管不是“虎爹”式严打与体罚。管理孩子要有好的技巧与有效的方法。

作为致力于儿童家庭教育研究的高校教育工作者，我们两位作者，家里都有独生子女。独生子女不好管、不好教，如何管教孩子曾经让我们头痛不已。经过不断总结子女教育的成败经验与教训，并根据教育学、心理学的研究成果，根据中外家庭成功管教孩子的经验与实践，我们探索出一些有效的管教子女的方法，这些方法对我们子女的教育和培养起到一定的效用，也得到身边朋友的认可。我们也到一些学校参加家长学校的培训工作，受到许多家长们的认同。

在这里，我们告诉家长一套行之有效的教育与管理孩子的正确方法与招数，书中40条爱的管理规则，可以让家长们省心省力、放心满意，彻底提高家长们管理孩子的水平与能力，彻底解除孩子难管的家庭烦恼。同时本书所提供的一些理念与方法可以作为家长学校的培训素材，作为家校合作与家校沟通的有益工具。

天下父母同心，真心感谢广大家长对本书的厚爱。

卷首语：

孩子需要父母的管教

——父母是规则的制定者与执行者

爱孩子，是人之天性。父母对孩子的爱，不仅仅是让孩子现在玩得开心，更要考虑孩子的未来，最关键的，是期望孩子一生顺利、平安、幸福。而实现这样的期望，父母亲就必须要管理、引导和教育孩子。

放纵孩子，溺爱孩子，过分奖赏孩子，用金钱财物贿赂孩子将会毁掉孩子的一生。孩子的生活、学习需要有效的管理，管理孩子依靠方法，好方法就是好规制、好习惯，而好父母是好规则的制定者与执行者。

玉不琢，不成器，如果从小对孩子疏于管理，就会让孩子养成各种不良习惯，在成长过程中迷失方向，最终不仅一事无成，而且危害家庭和社会。例如，在电视剧《走西口》中，败家子田光宗把家产输光，把全家人的生活推向了苦难；而药家鑫的悲剧在于父母没有管好儿子，放纵儿子，一位有音乐才能的大学生不仅给他人带来了灾难，给自己带来极端的处罚，也给父母亲带来了无法弥合的伤痛。

在独生子女政策影响下，在家庭经济状况逐步好转的过程中，在孩子的个性越来越强的时代，父母亲越来越喜欢把孩子当作宝贝一样宠爱，越来越不懂得如何去管理和教育孩子。

国有国法，家有家规，没有规矩，不成方圆。有良好的习惯，依规矩办事，是孩子健康成长与未来事业成功的基石与必要条件。我们书里提出的四十条规则在古今中外都得到时间与实践的印证，希望它们帮助家长纠正一些错误的观念，能够帮助更多的孩子茁壮成长、成才、成人。

目 录

第四篇
附：好传统家庭教育经典与忠告

第一篇

好父亲，好母亲，制定孩子好规则，形成孩子好习惯

一、养儿不管是为贼

——管教孩子是父母的主要职责

管理孩子需要规划与方法

父母是孩子的第一任老师，也是陪伴孩子最久、对孩子的教育进行全面规划的老师。在孩子进入学校之前，父母可以看作是孩子唯一的老师；在孩子进入学校的时候，父母还可以依据自己的意愿和能力为孩子选择学校、选择教师；在孩子进入学校之后，父母和学校教师成为教育孩子的合作伙伴。孩子走出学校、走进社会的那一刻，父母又成为他人生的指导老师。

伴随着孩子的成长，哪些是父母可以并且应该做的呢？

尽早开始进行细致规划

规划的时间应该尽可能提前，比如在选择配偶时就要考虑对方有没有可能成为一个好爸爸、好妈妈。要依据实际情况来安排怀孕生育的时间，要给孩子的出生准备稳定、安全、温馨的成长空间。要较早地思考孩子要成长为怎样的人，在成长过程中，要如何进行照顾和引导等问题。

我的孩子我来教

古语说得好，“至要无如教子”，教育孩子是人生中最重要的事情。现在很多年轻父母都是职场人士，有的事业刚刚起步，有的处于事业上升期，无暇顾及孩子，不得已选择把孩子交给爷爷奶奶、外公外婆或保姆教管。这些做法不可取，因为隔代抚养会溺爱孩子，导致孩子规则意识差。过度呵护，致使孩子自理能力差。思想观念和生活方式老化，让孩子失去活力。最可怕的是，隔代抚养有可能架空父母，亲子关系难以融洽。当孩子入学、进入青春期后，父母再开展教育时很难奏效，有时还会受到孩子的当面质问："我小时候你没管我，现在凭什么管我！"因此，年轻的父母一定要多抽时间来陪伴孩子，和孩子一起游戏，跟孩子谈天说地，关心孩子的学习、生活和伙伴。

帮助孩子实现完美起步

良好的开始是成功的一半，当然，这个完美起步不是要求孩子比别的孩子多识几个字。对于人生的起步来说，最重要的是形成健康的人格、即有自尊、自信，相信自己能够成功，进而友好地面对世界，笑对人生。在孩子的幼年期，父母要给孩子尽可能多的陪伴，让孩子知道自己很重要，很受关注；要给孩子尽可能多的肯定、赞美，让孩子知道"我很棒"。在积极的关注中，孩子会慢慢形成一些优点，如良好的品质，友善的品格，较强的自理能力等。这些都有助于他在走出家门之后，继续赢得周围人的欣赏和支持。

协助孩子完成学习任务

学校教育开始之后，父母要积极配合学校的安排。在素质教育理念背景下，学校都注重孩子的全面发展，学校会开展各种各样的活动，父母应鼓励孩子积极参加。父母应协助老师监督孩子的学习和发展，督促孩子形成良好的学习习惯，高质量地完成作业。父母应主动与老师沟通，了解孩子在学校的表现，争取老师对孩子的重视。

慢慢放手，积极沟通

随着孩子的独立能力和自我意识增强，父母要学会慢慢放手，站在不远处关注孩子的成长。父母要和孩子开诚布公地聊天，用自己的经验、观点来影响孩子，引导孩子一步一步认识生活和社会，同时，也在倾听孩子的过程中理解孩子。

在工作中，我们和上司、同事进行的沟通往往是积极的，努力寻找对方的优点，经常夸奖对方，认真听取对方意见，互相鼓励和促进。这种好习惯可移植到家庭中，经常表扬家人，发现、指出对方的优点，认真地听取家人表达观点，鼓励孩子发表意见、自主发展。在积极沟通的家庭中，孩子处在父母的慈爱、宽容、鼓励中，会形成各方面的优秀品质：

挑剔中成长的孩子，学会苛责；
敌意中成长的孩子，学会争斗；
讥笑中成长的孩子，学会羞怯；
羞辱中成长的孩子，学会自疚；
宽容中成长的孩子，学会忍让；
鼓励中成长的孩子，学会自信。

提醒、督促并鼓励孩子

父母应经常提醒、督促并鼓励孩子朝自己的每一阶段的目标前进。即使孩子进入大学，父母仍要保持对孩子的关注。有的孩子觉得大学是一个自由的天堂，把各种勤奋学习、节俭生活的好习惯都抛到一边去了，结果，四年大学过的很混乱，学业也没有成就，找工作使屡屡碰壁，还怪大人不能帮他解决问题。父母要通过电话、邮件、QQ、微信、微博等多与孩子沟通，鼓励孩子好好学习、全面发展，及时了解孩子的情况，以防出现严重问题。有时，一封亲笔写的信或许能收到意想不到的效果。

教育与批评孩子要有合适的地点与时间

一般家长在家里是这样对孩子进行行为指导和实现教育的：孩子放学不是专心做作业，而是直奔电视机或电脑，家长就开始进行珍惜时间、珍惜学习机会的教育；孩子和同学吵架，老师通知家长，家长就进行友谊教育、纪律教育。这是一种教育的误区，头痛医头，脚痛医脚。尽管这是不少父母的普遍做法，而且也没有什么大的不良后果，但是教育效果低下，不能有效地解决孩子的问题。

教育与批评孩子最好在家中

那些为孩子不听话而苦恼、被孩子定义为唠叨的父母可能需要换一种方式来教育孩子，就是在家庭生活中排出专门的教育时间。召开家庭会议是首选的办法。一家人可以在一周选择一个时间坐在一起，开诚布公地交流，父母和孩子都有足够的时间去冷静地说明自己的想法。父母可以借此机会提出对孩子的要求，孩子也可以对父母提出意见。当孩子遇到问题时，在平等交流之后，孩子如果认识到错误，父母可以督促孩子自己订出改正错误的计划表，以后如果再犯，就请孩子对照计划表自查。孩子自尊心普遍很强，对于自己写下的计划会认真对待，这样能避免和父母的冲突。

有些时间父母不应该批评教育孩子

教育孩子虽是父母的主要职责，但并不意味着你可以随时随地、随心所欲地批评孩子。有些时间父母不应该批评教育孩子。

一是早上出门时。一日之计在于晨，父母要帮助孩子怀着愉快的心情迎接新的一天的到来，帮助孩子带着笑脸出门，温馨地与孩子道别，而不是让孩子从早上开始就受气。

二是一起吃饭时。很多父母平时不抽时间陪孩子，只有吃饭时专心面对孩子，看到或者突然想到孩子有什么问题，就开始教育孩子。这样会影响孩子的食欲，破坏难得的家庭欢乐时光，让孩子觉得和父母吃饭是一件痛苦的事情，严重影响孩子的身心健康。

三是父母情绪变坏时。父母情绪已经很坏，很容易一张嘴就骂人，结果伤了孩子，也损害了自己的慈爱形象。此时一定要息怒，等自己心平气和后再开口。

四是发生直接冲突时。孩子说好晚上8点回来，结果10点才回来。父母早已窝了一肚子火，这时如果开口，必然发生直接的冲突。倒不如把事情压后，等第二天再听孩子解释。而且，父母的宽容与大度，会让孩子自觉地意识到自己的错误。

古人管教孩子“七不责”

古人对批评教育孩子的时机也很讲究，例如，清人陈继儒认为，卑幼的人有过失，在责备的时候应该慎重。“卑幼有过，慎其所以责让之者。”他认为以下七种情形不宜批评孩子：

第一，“对众不责”，即不要在众人面前责备孩子。

第二，“愧悔不责”，即惭愧后悔不责备孩子。

第三，“暮夜不责”，即夜晚不责备孩子。

第四，“正饮食不责”，即吃饭时不责备孩子。

第五，“正欢庆不责”，即正在欢庆时不责备孩子。

第六，“正悲忧不责”，即正在忧伤时不责备孩子。

第七，“疾病不责”，即正在患病时不责备孩子。

父母如果能在合适的时间与合适地方采用合适的方法批评教育孩子，既不会引起他们的反感，孩子也容易接受，批评的效果自然就好。

二、家规越具体越好

在健康有序的生活中，我们要同时遵守很多条规矩：穿衣的规矩，吃饭的规矩，打招呼的规矩。我们习以为常，然而，孩子是慢慢了解各种规矩的，不要急于求成地一股脑儿把各种规定都告诉孩子，更不能连自己都记不清究竟对孩子提出了哪些要求。

父母按章办事，持之以恒，孩子必然听话，他日会成为一个守规矩的人，一个敢担责任的人。

很多父母怀疑自己不懂得养育孩子，害怕自己方法不当不能把孩子培养成才。因此会经常改变自己教育孩子的方法，一天一个花样。他们为孩子制定了不少家规，但没有几条能始终如一地得到执行。

管教孩子不能贪图省事，定下一条条家规，让孩子自动地根据家规管理自己，把孩子塑造成一个乖孩子，虽便于管理，却束缚了孩子的心灵，压抑了孩子的个性和创造性，甚至造成孩子性格缺陷。

家规不可订得太多

家规不要订得太多，也不要让孩子许许多诸如“再不重犯”的诺言。特别是孩子在7岁以前，家规越多，限制越多，要孩子许的诺言越多，你给自己制造的麻烦就越多。实质上，孩子也记不住那么多清规戒律。他一越轨，你就恼火，就唠叨不休；你一唠叨，他就恨你，就更不听话……形成恶性循环。家庭最好制订几条切实可行的规矩。规矩一经制订，就得坚决贯彻执行，有始有终，执行到底。

如果你星期一不让孩子在你的地毯上玩橡皮泥、捏泥娃娃，而星期二她在地毯上玩同样的东西时，你又对她微笑，那就使孩子无所适从。

小孩子犯错误后，比如将水彩颜料泼到厨房的锅里，父母应就事论事，批评不要扩大化。每个小孩都会有失误，不要责骂。这样他很快就会注意避免此类事故再次发生。相反，经常挨骂的孩子容易神经紧张，一旦发生这类小事故，就显得惴惴不安。他越紧张，越局促，越有可能再出错。

如果孩子将食物或水泼到地板上了，千万不要发火，不要呵斥他，心平气和地告诉他你不喜欢这样，并且果断地要求他拿起拖把将地拖干净。孩子会因为你没有羞辱他而感激你。当然，刚开始时，也许孩子不乐意与你合作。在这种情况下，你可以惩罚他。例如，将他的水彩颜料没收几天不让他玩。经验表明，犯了某些小错误不遭受父母责骂而且有机会自己纠正错误的孩子一般都能学会听父母的话。

及时表扬守规矩的孩子

从某种意义上讲，父母的耐心与宽容是建立父母与子女幸福关系的纽带。

父母的态度对教育孩子听话至关重要。你必须给孩子树立一个正面形象——言行一致、说到做到的形象。你可以坦白地告诉孩子：他表现好你才更关心他。他肯定会有令你高兴的事情，那你一定不要忘记表扬他。

父母要注意观察自己的孩子，看他哪一天表现好。例如：有一天孩子没有在地毯上玩橡皮泥，或者有一天你们去舅舅家做客时，孩子表现得很有礼貌。那天晚上在他准备上床睡觉时，你告诉他："今天你真让我高兴，没有在地毯上玩橡皮泥。""今天你在舅舅家真懂礼貌，表现真好，我为你感到高兴和骄傲。"

你的话给孩子增添信心，帮助孩子树立良好的自我形象。他会为得到你更多的表扬而记住去做令你高兴的事情。

即使孩子有时违背了承诺，你也不要使他感到内疚。因为他还太小，记不住那么多规矩。同时，他也可能不理解某些规矩。

当孩子做了你喜欢他做的事情时，要让他知道你的确为他高兴。这样，在你的正确引导下，他一定会幸福地成长。

制定的家规应具体

为孩子制定的规矩越具体，父母和孩子就越快乐。有的家长给孩子制定的规矩含糊不清，其结果是他们和孩子之间经常发生冲突。

小雨的妈妈就是这样一位家长，她经常与自己9岁的儿子发生矛盾，可怜的儿子简直不知道他的妈妈要他干什么。妈妈给他定的规矩多，不具体，又前后矛盾，他无所适从。

小状的妈妈则不同，他制定的规矩具体明确，小状与她配合默契，母子相处得非常和睦。

下面我们来看看这两位母亲为各自的孩子制定规矩时有什么不同。

小雨的妈妈：“在出去玩之前一定要收拾好你的房间。”

小状的妈妈：“出去玩之前，你一定要收拾好房间，也就是说，被子要叠好，地上的玩具收进玩具箱，掉在地上的纸片拾起来，鞋子放在床底下。”

小状怎么记得住这么多具体的规矩呢？很简单，小状的妈妈将她规定的具体任务都编号，记在一张纸上，贴在小状卧室里的墙上。小状出去玩之前都要核对一下，看该做的事情做完了没有。

刚开始时小状还不适应，经常忘记，但妈妈不批评他，只说：“请你复述一遍我们制定的规矩。”小状复述完后，也不与妈妈争辩，很快完成任务，高高兴兴出去和朋友玩耍，一旦孩子养成了习惯，纸条也就不需要了。

立即改正破坏规矩的孩子

如果孩子有时违反了规定，破坏了规矩，你就要立即改正，坚持让他把那些忘了做的事情做完。另外，像小状妈妈那样让孩子复述他违反了哪条规定是个好主意，这种复述有助于孩子增强自觉执行规矩的观念。

只要孩子按规矩办事，你就必须表扬他、鼓励他，孩子按章办事了就需要别人认可。

让我们继续看些例子，想想小雨为什么不听他妈妈的话。

小状妈妈对他说：“在我带你去公园前，你必须刷好牙、洗干净脸，穿上干净的衣服。”“你7点钟按时回家吃饭。”

小雨妈妈对他说：“我什么时候需要，你就得什么时候帮我洗碗。”“你必须按时回家吃饭。”

从上面的例子我们不难看出，小雨妈妈犯的错误是给孩子订的规矩太笼统，这种错误导致她和儿子之间经常发生激烈的争吵，他们争吵的问题不外乎是谁该做什么事，什么时候做，怎么做。由于制定的规矩太笼统，既无法实施，也很难用来对照检查孩子是否按规矩办了。孩子不知道执行规矩有什么好处，不执行又有什么不良后果，这种含糊不清的规矩，只能使小雨经常找借口与妈妈讨价还价，力图不按规矩办事。因为小雨的妈妈无法叫孩子大声重复哪一条规矩，也无法叫孩子纠正哪一条错误，她只有唠叨，唠叨，再唠叨。

三、 规矩一旦制定就得执行

规矩一旦制定就得执行。良好的开端是成功的一半。在培养孩子自觉执行规矩的良好习惯的过程中更是如此。

如何为孩子执行规矩创造一个良好的开端呢？

一次执行一条规矩

我们认为，在开始阶段，要求孩子执行的规矩不要太多。一次执行一条规矩最合适，而且这条规矩应该简单易行。一旦孩子开始执行这条规矩，你就要他持之以恒，直到你确信孩子已经养成习惯能自觉遵守这条规矩为止。这时你才可以考虑让孩子开始执行另一条规矩。

规矩应该适合孩子

李太太的女儿雯雯，年仅5岁。可李太太要求雯雯每次吃饭前摆餐桌，放餐具。这对一个5岁的孩子来说，要求太高了。事实上，雯雯不仅摆不好餐桌，而且也记不住餐具放在什么地方，要她到橱柜拿这些东西对她来说很困难。所以，每次做这些事情，她总是手忙脚乱，狼狈不堪，还经常将碗筷掉在地上。一见到这种情况，李太太就大声吼叫，雯雯总是哭着逃回自己的房间。

要求孩子执行的规矩应该适合孩子的年龄、智力、能力和爱好。一个5岁的孩子还不完全具备摆餐桌的能力。起初阶段要孩子执行的规矩应该是孩子有兴趣坚持做的事情。因此，父母先要弄清楚孩子最喜欢做什么事情。所有的孩子都喜欢玩具或书籍，你就规定他每天晚上睡觉前整理好玩具箱或书柜。你可以和孩子一起讨论。你可以说："晚上你一整理好玩具箱或书柜，我就给你讲好听的故事。"那样孩子就会感到他的努力能得到奖赏，他会乐意按你所说的要求去做。

激励促使规矩执行

为了激励孩子保持这个良好的习惯，你最好画一张表贴在他房间的墙上。只要他那天晚上整理了玩具箱或书柜，你就在表上画一颗金星或贴一朵小红花。到了周末，和孩子一起数数，看一共有多少颗金星或多少朵小红花。如果孩子每天都得到小金星或小红花，你就给他特殊奖励。如给他买新的连环画或带他去公园玩。除了给他物质奖励，你还要给孩子精神上的奖励。过了一段时间后，你可以慢慢放弃对孩子的物质奖励，转向以精神奖励为主。例如；每晚孩子整理好玩具箱或书柜后，你可以这样对他说："整理得真整齐，你真能干，能成为妈妈的好帮手。"你可以当着全家人的面称赞他，微笑、亲吻、抚摸都会增加表扬的效果。

有的孩子做事有点偷工减料，这时候千万不要呵斥他，你可以心平气和地告诉他："你看，还有一件玩具在墙角落，还有一本书在沙发上，把它们放到玩具箱或书柜里去就好了。"孩子一放好，你就可以说："你的玩具箱或书柜每天都整理得很好，我为你感到高兴。"

当孩子已经形成每晚睡觉前自觉整理玩具箱或书柜的习惯时，你就可以考虑给他制定另一条简单易行并且公平合理的规矩。不要以为前一次或前几次孩子都成功地完成了规定的任务，出色地执行了所定的规矩，这次就可以多定几条规矩，那样会把事情弄糟。不要性急，慢慢来。

规矩不容争辩

父母应知道，孩子稍大一点时，他会对你的规矩提出质疑，父母要有思想准备。不管你定的规矩多么公正，孩子都有可能提出质疑，与你争辩，试图动摇你的决心，改变你要求他执行规矩的主意。你千万不要上他的当，不要与他争辩，不要屈服于他的种种压力。你要态度冷静而又果断地向孩子表明：规矩一旦制定就得执行，争辩是无济于事的。对孩子的无理纠缠一律不予理睬。久而久之，他会觉得无趣而不再与你争执。

在心情愉快时时制定规矩

有一点必须加以注意，那就是你心情愉快时制定的规矩，孩子比较容易接受，因为孩子明白这条规矩不是为了惩罚他才定的。在制定规矩时，你最好邀请孩子一起参加，让孩子思考为什么规矩是必要的，为什么这条或那条是合乎情理的等等。

好的规矩有助于培养孩子高度的责任感和照顾自己的能力，建立孩子的自信心，使孩子有机会学会某些终生受益的技能。优秀的儿童通常出自那些经常要求孩子干些力所能及的家务事的家庭。同时，我们也坚信，许多不快乐的孩子出自于那些不为孩子定规矩，或者规矩多而且前后矛盾，或者执行规矩虎头蛇尾的家庭。

四、吃饭穿衣有规矩

吃饭有规矩，身体倍儿棒

当孩子只有两三岁时，吃饭往往是让家长头疼的问题。幸运的是，绝大多数孩子慢慢学会了吃饭，也懂得了吃饭的一些规矩，然而，有些家庭没有确立吃饭的规矩，孩子们在饮食方面的习惯很差。我们要郑重提醒的是，吃饭、穿衣这样的生活琐事，也是要有规矩的。

在幼儿阶段，要逐步引导孩子按时吃饭，独立吃饭。

国外家庭教育专家提醒我们，如果父母总是怕孩子吃得太少、或者不会吃，一到吃饭时就使出浑身解数来对付孩子，就会在无形中给孩子造成了一种压力，久而久之，吃饭就成了孩子的一种负担，这不仅影响了孩子的食欲，也给父母带来很多不必要的麻烦。

一位成功的父亲这样说：

“在儿子的吃饭问题上，我们始终认为应该鼓励他自己进食，让他觉得吃东西是一件轻松愉快的事情。在他很小的时候，如果他不习惯某种餐具而更愿意用手抓着吃，我也不会当场责怪他。我会在事后以游戏的方式让他学会餐具的使用。我和妻子也从来不担心他吃得很少，我们相信，只要给他足够的食物，他就不会挨饿。这并不是对孩子漠不关心，而是我们在请教了一些有经验的父母后学到的知识。吃饭的时候，只要孩子不挑食，我们就会随他怎么吃，而且还会尽量营造轻松的气氛。如果他有什么不对，我们也是以提醒为主，尽量不训斥他。”

“在营养方面。我们总是力求全面，因为任何一种营养不足都会影响幼儿神经的发育。在现实生活中，有不少因营养不良引起大脑功能损伤的情况。要想使孩子的大脑正常发育，将来能够胜任复杂的脑力劳动，就必须合理安排幼儿的饮食，以满足其身体营养需求。科学研究证明，合理的饮食能供给大脑正确的营养，帮助孩子提高智商。营养是孩子发展智力必不可少的物质基础，因此我们对这一点尤其注意。”

“儿子断奶后的一段时间内，我们主要是以牛奶代替母乳，并在每天的正餐之间，定时喂他一些肉汤、蛋、蔬菜、面包、土豆和豆制品为主。这个年龄的孩子往往不喜欢吃蔬菜，儿子也不例外。我们知道蔬菜的摄入对调节孩子的生理平衡大有好处，另外，蔬菜的很多营养物质是别的食物无法取代的。我和妻子通过观察发现，儿子喜欢模仿大人的举止。于是我们在吃饭的时候总是对蔬菜赞不绝口，并作了几次争抢蔬菜的“表演”，同时，妻子还在烹饪技术上下了一番功夫，把蔬菜做的口感更好，味道更美。儿子的兴趣果然被激发起来，从此不再拒绝蔬菜。”

“在我小的时候，父亲非常重视我的饮食规律，在哺乳期就为我制定了进食时间表，没到喂奶的时间，即使我感到了饿了哭闹起来也从不肯迁就。现在看来，这种方式虽然有些生硬，但这只是个时间问题，有规律的饮食对孩子来说的确十分重要。从儿子 2 岁开始，我和妻子开始正式训练他有规律地进食。一般是每日吃三餐，中间加一点不影响正餐的副食，如水果，小甜点等，让他更全面地摄取各种营养。”

“儿子5岁时，乳牙已经长齐。这时，我们认为他已经基本上可以吃成人的食物了，但很少让他吃刺激性的食物。我们为他准备了各种花色的食物，粗粮和细粮、肉食和蔬菜都进行了合理搭配。”

专家提醒，注意孩子的营养固然十分重要，进餐时的心情也同样不可忽视。如果餐桌上的气氛过于严肃，或者清规戒律过多，就会让孩子不自在，进而使他对吃饭产生排斥心理。所以，如果孩子吃饭时问这问那，尽量不要制止他；但如果他喊叫，或者大笑，父母亲需要想办法把他的注意力引到食物上去。当然，如果孩子吃饭时说个不停，不仅吃得慢，还会分散注意力，长期下去会影响孩子的身心健康，这种情况就有必要进行干涉，但一定要讲究技巧，不能使用过于严厉的语气。

有些妈妈很烦恼地说：“孩子完全不好好吃饭，每次吃饭都是追着他吃，这可怎么办？”这种烦恼，有时候是家长自找的。神童卡尔·维特的成长故事里就有这样的内容。父亲这样写道：

我曾经对卡尔说过："你必须早上按时起床，否则我会认为你是放弃你的早餐，你要为你的行为负责。"

有一次他起床太晚，超过了给他规定的时间。当他来到餐桌前时，我们早已经收拾好了一切，并把他的早餐收走了。

卡尔看着我，似乎想为自己的过失辩解一番，便我先开口对他说："真遗憾！我也很想把牛奶和面包留在你的位置上，但我们以前有过约定，我不能随意破坏它。这只能怪你自己。"

这样的情况下，早餐本身并不是最重要的。重要的是他应该知道，我们以前的约定是认真的，是必须遵守的。

由于每个孩子的具体情况不同，因此训练孩子良好的饮食习惯的方式也应该有所区别，不能完全套用某一种"有效方法"，而在幼儿阶段，总的原则是以引导代替训斥，以趣味消除对立。

随着孩子的成长，我们要逐步确立吃饭方面的各种规矩。没有规矩，不成方圆。看一下身边的小胖子、豆芽菜，或者在饭桌上不讲道理的小皇帝，你就会明白规则的重要性。

吃饭规矩详细定

我们建议您从如下规则中选择你家的吃饭规则：

1. 按时吃饭，孩子要逐步练习独立吃饭，不需要别人帮助和监督。

2. 饮食要注重营养均衡，多吃鱼类等蛋白质含量高的食品，多吃蔬菜。

3. 每天保证鸡蛋和水果的摄入。

4. 饭前要洗手，饭后要漱口。

5. 孩子的营养全靠吃饭摄入，每餐饭之间一般不允许零食，每周零食次数不超过两次。

6. 三餐之外，在早上十点、下午四点加餐，主要内容是水果、点心。内容由父母亲确定，尽量排除垃圾食品。

7. 孩子要逐渐学习餐桌礼仪，按时上桌吃饭，离开桌子前要征得父母亲同意。

8. 孩子要逐渐学习为家人服务，在开饭前帮助父母亲准备好桌子椅子，摆好碗筷，餐后协助进行回收和洗碗等工作。

9. 锻炼孩子洗水果、分发水果的能力，引导孩子将好吃的东西和家人、伙伴分享。

10. 在外吃饭时不要大声喧哗，不得进行无谓争吵，否则，进行扣分或者其他惩罚，如减少本周零食次数，取消特色活动等。

11. 在外吃饭时要有礼貌，在取菜时遵守秩序，在接受服务员服务时要表示感谢。

12. 在外吃饭有剩菜时要尽量打包，让孩子看到父母亲的节俭。

13. 在公园等地吃点心、水果之后的果皮、纸屑，要鼓励孩子投入垃圾桶中；在孩子很小时，要带着孩子将垃圾投入垃圾桶，告诉孩子这样做的道理。

14. 在节假日或者家人生日时，带孩子一起去选购适合家人口味的食品，让孩子体会在细节中的相互关心。

15. 对孩子按时吃饭、不吃零食方面的表现要有记录，在一段时间之后有一定奖励。

16. 对孩子的餐桌礼仪、餐桌服务的表现要有记录，在周末提出表扬或批评，对好的表现，在积累一段时间之后进行适当奖励。

和吃饭相类似，穿衣服也是日常小事，但同时又是孩子需要学会和注意的重要领域。穿衣服是不是得体、大方、整洁，不仅关乎妈妈的面子，而且影响到孩子能否顺利地融入社会，成为受欢迎的人。

穿衣规矩详细定

在穿衣服方面，您不妨考虑一下如下的建议：

1．家人的穿着，追求大方，得体，适应场合，不宜追求名牌和数量。

2．孩子的穿着，以运动装为主。注重培养孩子的运动能力，而不是简单地追求运动装的牌子。

3．家里的地板要每天拖一遍，方便孩子在地上玩耍。

4．在冬天，孩子不宜穿着太多，太多不利于运动，容易出汗，频繁交替穿衣脱衣会导致感冒。

5．孩子在童年不宜久坐，应该让孩子有更多的活动机会，孩子的衣服要耐磨。

6．孩子的衣服不宜多买，要结合孩子的年龄和成长速度来买。

7．给孩子买衣服，可以适当大一些，这样可以多穿一季；不过不能太大，导致行动不便。

8．孩子要多准备一些家常服装，不必在乎款式，可以尽情游戏。

9．要教导孩子爱惜衣服，不要浪费。

10．在节日、生日给孩子买来新衣服时，可以借机向孩子表达愿望，也可以要求一些孩子的承诺，但要做好随后的监督执行工作。不能让孩子认为承诺是为了换来新衣服而进行的虚假表态。

11．带领孩子给家里的老人选购衣服，表达孝心。

12．洗衣服时，给幼儿一个小盆，让他自己洗自己的小衣服，洗完之后要表扬。

上面列的规章，对各位朋友来说，仅供参考。这些规章，最初是父母亲为孩子确立的规矩；随着孩子逐渐长大，父母亲就要学会和孩子平等对话，让孩子参与规则的制订。否则，孩子就会有极大的逆反意识，即使是正确的规则，也不情愿遵守。总是遵守父母亲命令的孩子，只是一个听话的孩子，毕竟还不是一个懂事的人。

五、让孩子养成按时睡觉的习惯

孩子睡好觉，孩子才健康

每个父母都希望自己的孩子能在每天晚上乖乖地按时睡觉，这既是孩子健康的保证，又在某种程度上为自己争取了一些自由的时间与空间。但很多父母又觉得让孩子按时脱衣服上床睡觉是一件很难的事情。那是因为很多父母无意中奖赏那些不能按时睡觉的孩子。一旦终止这种奖赏，问题就会解决。

家有家规。孩子每天晚上同一时间睡觉应作为一条规矩。只要坚持按规矩办事，孩子就会习惯，每晚到那个时间就会高兴地去睡觉。

除了规定一个就寝时间外，还有一套好的方法可以帮助你让孩子高兴地按时上床睡觉。

愉快睡觉五步曲

狂热的网络游戏，过多的电视节目和节奏快的音乐都会使孩子感到兴奋而不愿上床睡觉。当就寝时间快到时，你就开始减少孩子的活动量。孩子相对安静下来后，你再采取下列步骤：

第一步：给他喝一杯牛奶，吃一些饼干。

第二步：让他洗个热水澡放松放松，穿上睡衣上床。

第三步：你坐到他床边，给他讲故事。要知道哪些故事你的孩子喜欢听。如果你的孩子要反复听同一个故事，你也不要感到奇怪。他可能特别喜欢那个故事。有时，他会要你解释那个故事。你那娓娓动听的语言会增加他的乐趣。你也可以放下书，即席给他创作一个故事，讲给他听。

第四步：轻轻地将孩子安顿在床上睡好，抚摸他，亲吻他，道一声“晚安”。说一句“祝你睡个好觉”。

第五步：关上灯，头也不回地走出房间，不要表现得恋恋不舍、放心不下的样子。

牛奶、饼干——热水澡——温暖而舒适的床——故事——抚摸亲吻——“晚安”、“睡个好觉”。上述令人愉快的步骤一个接一个，每个步骤在孩子看来都是奖赏。用这种积极的方法培养孩子按时就寝的习惯，他一定会乐意接受。

如果孩子大一些，睡觉前不需要父母讲故事给他听了。那么在熄灯前，你就让孩子自己看半个小时左右的书。有一条家规是：不要让孩子坐在被子里看电视、玩网络游戏或听令人兴奋的音乐。那样到时候孩子不容易睡着。

有些孩子到了十一、二岁时，父母很难让他们按时睡觉，因为他们看电视、上网很激动，难以控制时间，“一不小心”就延迟睡觉了，那该怎么办呢？

这个问题的关键是，家里没有制定一个孩子什么时候可以看电视、上网、什么时候该睡觉的规矩。父母要提前给孩子规定晚上可以看哪些电视节目、上网多少时间。家长可以采取妥协的方案。但是规矩一旦制定，就要严格执行。离规定的就寝时间还有半小时的时候，就叫孩子穿上睡衣再来看电视或上网。到该睡觉的时候了就叫他去睡。要严格要求，如果他不听话，可以几个晚上甚至更长时间不让他看电视或上网。

孩子一上床，家长就离开

一位年轻的妈妈有一个三岁的女儿，每天让女儿独自按时睡觉是一天中令她最头痛的事情。因为她女儿每天晚上睡觉时总是找麻烦，总是喊妈妈到她房间去，或是说口渴要喝水，或者是要其他什么东西。这位妈妈只有不断地朝她房间跑。这位妈妈该怎么办呢？

其实，女儿真正想要的是妈妈对她的注意，理睬她就等于鼓励她不睡觉。对这样的孩子要严格，要实话告诉她：在她睡着之前，你只能给她喝一杯水。或者在她床边放一小杯水，让她自己喝。一定要坚决果断，告诉她你在晚上将不理睬她的任何无理喊叫。刚开始，她还会再三喊你，有时候可能还会哭闹。只要你继续不理她，她就只好老老实实地睡觉。用不了几天，问题就解决了。

孩子怕做噩梦不愿上床，怎么办？

有些小孩（特别是女孩）害怕在黑暗中睡觉，怕做噩梦，他们迟迟不愿意上床，有的半夜从床上爬起来跑到父母的房间，要和父母一起睡觉。父母碰到这种情形该如何处理呢？

小孩怕黑是件很平常的事情。他们想象自己看见了什么可怕的东西。如果孩子经常这样，而且无论父母怎样解释也不能使她消除疑虑，你不妨晚上在她的房间里开一盏灯光较暗的灯。或者把孩子的房门打开，在客厅里开一盏灯，让她抱一个她所熟悉的大玩具睡觉。这样也会使她感到安全。但绝不可以让她半夜钻到父母的床上睡觉。因为这种习惯一旦形成很难纠正。当她试图到父母的床上睡觉时，你要立即果断地将她送回自己的床上去，告诉她："你只能睡自己的床。"如果她坚持要跟父母睡，你拿走她最心爱的玩具。她哪天晚上乖乖地按时上床自己睡了，第二天早晨你再还给她。

有时小孩的确做噩梦。当孩子做噩梦因害怕而喊叫时，父母有必要到孩子的床边。尽管孩子可能处于半睡半醒的状态，你可以帮助她平静下来继续睡觉。如果孩子经常做噩梦应视为一种严重情况，需找医生咨询。

父母不能这样做

千万不要把让孩子睡觉作为一种惩罚手段。如果那样的话，他就会将床、睡觉与某些坏人、坏事、令人不高兴的事联系在一起。

千万不要当着孩子的面说"人死如睡着"之类的话。另外，恐怖的电影、电视、网络游戏、书刊对孩子都有害，尽量让孩子远离它们。

千万不要让孩子睡懒觉。如果你每天早晨在同一时间叫醒你的孩子，孩子就不会养成晚睡晚起的习惯，一旦形成早睡早起的生物钟，孩子按时上床睡觉便成为一件高兴的事情。

六、别人的钱物不能随便乱动

父母的钱物不能随便动

父母亲总会在家里放一些零钱，用来买菜、付水电费等。孩子们一般都知道这个钱放在什么地方。这就有了一个问题：父母亲放在家里的钱，孩子可以随便动吗？

这个问题很重要。如果父母亲对零钱包里的钱很马虎，自己也不知道有多少，孩子随便拿一两张出去了，父母亲也不会发现。几块钱事小，但对孩子品格的影响却是难以估量的：小时偷偷摸摸拿家里的钱，长大以后，可能就会偷偷摸摸拿公家的财物，动别人的钱；小时在家里偷钱没有被父母亲发现，尝到了甜头，长大之后做坏事也会有侥幸心理；小时偷钱学会了钻空子，长大之后也总想找机会赚点小便宜；拿到钱之后买零食，在小朋友面前炫耀，又会助长孩子的虚荣心。“小时偷针，大时偷金”是千年古训，父母亲一定不能小视。

有些家庭习惯于满足孩子的所有购物要求，有的父母亲虽然不愿意孩子从自己的钱包里偷钱，但事情发生了之后，又会以“孩子还小，不知道什么”或者“反正赚的钱都是要给他的”等理由来原谅孩子。虽然在我们国家，父母亲的积蓄最后都留给了孩子，但在孩子成年之后给以资助，和在孩子年幼时纵容孩子的高消费，是性质不同的两件事：童年的苛求，能够让孩子明白“不是自己的东西不能拿”；减少购物所带来的虚荣，促使孩子在学习、劳动等方面赢得成绩和认可；能够让孩子长大之后有能力创造财富，而不是靠父母亲的施舍过日子。

很多人都有小时候偷拿家里的钱的经历，有时是为了买一袋零食，有时是为了买一张漂亮的卡片。对于偷拿钱的事情，父母亲必须留心观察，一旦发现，从严处理（以严肃批评、讲道理为主，体罚等尽量少用），以防再犯。姑息、护短必然惯出孩子的一身毛病，将来后悔莫及。

很多孩子都有自己偷钱被发现的故事，晓成的妈妈从不出钱支持他买零食，也不给他零花钱，受不住钱和零食的诱惑的晓成开始趁妈妈不在家时偷拿她钱包里的零钱，先是一元，两元，发现妈妈没有反应，就频频“作案”，有一次直接拿了一张崭新的二十块钱，当天买了好多零食，还向同学去炫耀。过了两三天，妈妈找那张两元去买鸡蛋时发现钱没有了，就生气地质问晓成：“那二十块钱是不是你偷了？”晓成当时傻了，不说话。妈妈明白了，马上拿了一根木棍，直接朝他屁股上打，他当时大哭，妈妈边打边骂：“谁叫你偷钱的，你好大胆子，你偷钱要干什么啊，小小年纪就做小偷……”从此以后，妈妈还是把钱包放在家里，但晓成再也不偷钱了，需要用钱时就告诉妈妈，也很少吃零食。因此，我们认为父母亲在原则问题上的严厉和孩子的成才不无关系。

“小时偷针、大时偷金”，这是不能不防的事情，所谓“防微杜渐”就是这个道理。在发现孩子偷拿钱后，采取严格的处罚（甚至是体罚），让孩子有一次刻骨铭心的教训，是很恰当的方式。我们不鼓励体罚，但面对偷钱这个问题时，我们不能反对：如果打一次可以让孩子明白道理的话，体罚是值得的；当然，体罚是最后的办法，父母亲应该先试用谈心、让孩子面壁思过、将功赎罪等方式来处理问题。

当然，在孩子没有出现这个问题的时候，给孩子讲一些故事，让孩子需要用钱的话要跟父母讲明，明白好孩子不能说谎更不能偷钱的道理。

有些家长出于对孩子的宠爱，没有对孩子的小偷小摸行为进行严格处理，甚至姑息养奸，最后，孩子成为败家子、啃老族，甚至身陷高墙。

从前有一对夫妻老来得子，他们很疼爱他，视如心肝宝贝。孩子一天天长大。七岁的时候，儿子有一次从外面回来，掏出一只鸡蛋，对妈妈说："看，我偷的鸡蛋！"妈妈没有责备他，却高兴地给他煮着吃了。儿子很任性，父母从来舍不得教训他。儿子先是偷盗，后来抢劫，最终被判处死刑。

刑场上，儿子有一个最后的愿望，要和母亲说句话。母亲走上前来，凑近儿子身边。儿子一伸嘴，咬掉了母亲的耳朵，说："当初要不是你的溺爱纵容，我也不会有今天！"

父母用钱三原则

在用钱这个问题上，父母亲有很多细节需要注意：

一是自己的钱包要看好。你的钱再多，也不要放手让孩子随便从你的钱包里拿钱，更不要连包里有多少钱都不知道，让孩子可以大胆地偷拿。

二是自己的钱要管好。不能因为一时高兴，就答应孩子的要求，随手甩出几块、几十块。固然这些钱只够你抽一包烟，但却可能毁了一个孩子。

三是要让孩子提出要求，听取孩子用钱的想法。

有些孩子偷拿家里的钱，其实并不是他们特别坏，而是因为这些很"懂事"的孩子有一种特有的"笨"。有个小孩小时候偷拿家里的三块钱，是为了给自己订一份小学生学习报（自己省下的零用钱不够），后来父亲发现了，他如实说了原委。父母亲很惊讶地说："为了学习，为什么不跟家里讲呢？"因为太"笨"，觉得一个懂事的孩子不应该"乱花"家里的钱，不应该给父母亲造成经济负担，可是居然没想到偷拿家里的钱，是一种更不应该有的错误。

有的孩子偷拿家里的钱是为了吃一支从来没吃过的雪糕，有的是为了买晚自习之后充饥用的方便面……这些动机，相比较现在有些孩子为了去网吧而偷拿家里的钱，是不算坏的。

从这件事可以看出，孩子就是孩子。孩子对社会事务的认知是需要一个过程的，在大人的眼中，他们为了避免一个程度较轻的错误而选择了一个程度较重的错误。可能父母亲经常表扬省钱的孩子，于是，他们觉得花钱就是一种罪过；而父母亲从来没有讲过偷钱的事情，所以，他们觉得偷拿几块钱就可以避免花钱的“错误”。小孩子特有的“笨”就体现在这里，父母亲要学会分析，不要一味地批评，要逐步让孩子明白孰重孰轻，这样，孩子的思维会更加完善。

孩子该花的钱必须花

如果孩子的学习、发展需要用钱，即使是很多钱，父母亲也不应皱眉头，而要尽可能地全力支持。一位就职于知名企业的朋友说：“我家里经济条件一直不好，但是如果是我的学习所需要的东西，爸妈都会尽量满足我的要求。2000年读大一时，感觉如果有电脑的话就能更好地掌握本专业（信息管理专业）的各种知识，就跟家里讲了，爸妈就帮我配了当时配置很高的电脑。我是我们班的男生里最早买电脑的，而且，有了电脑之后，我对专业的掌握更深入。”

在家庭生活中，要防止孩子浪费，但也不是一味地禁止孩子用钱。应该提供一种氛围，让孩子提出要求、讨论他/她的要求。过去的孩子由于家里经济条件差，父母工作辛苦，所以，不敢提出用钱方面的要求。现在要允许孩子提出要求，表达愿望，父母亲与孩子可以就此问题进行平等沟通。孩子的用钱要求，可以作为家庭会议的一个主题进行安排。

七、用合同管理孩子

签订合同是帮助父母和孩子解决问题的一种方法，就是将父母和孩子双方都同意的事情写在纸上，父母和孩子双方在上面签字。

双方一旦在合同上签了字，双方就得遵守合同里达成一致的协议。

签订合同这一方法能神奇地使父母和孩子之间相互理解、配合默契。签订合同的方法简单易行，有助于消除误解，促进家庭和睦，有利于父母子女携手来共同解决问题。

张太太有一个11岁的女儿，名叫雅倩，母女之间经常发生矛盾。比如张太太要她饭后收拾桌子、洗碗或者倒垃圾，可她从来不听。这个问题困扰张太太很久，没想到最后在家庭教育专家的指导下，竟然凭着母女双方共同商订的一纸合同给解决了。

张太太和女儿的合同是这样签的：

甲方：雅倩（女儿）

乙方：李力（妈妈）

甲方同意从星期一到星期五，每天晚饭后收拾餐桌、洗碗、倒垃圾。

乙方同意作为对雅倩收拾餐桌、洗碗、倒垃圾的奖赏，每周六带雅倩去看电影，每周六晚餐可吃洋快餐一份（麦当劳、肯德基、披萨）。

（合同双方）签名：雅倩　李力

签合同时间：2011年1月1日

张太太掌握了与孩子签订合同的艺术。合同给她们母女提供了共同解决问题的新途径，改善了她们母女之间的关系，给她们带来了欢乐。

不少父母也面临着与张太太同样的问题，许多还不止收拾桌子、洗碗、倒垃圾这么简单。有类似问题的父母可采用与孩子签订合同的方法来解决。

那么，如何与孩子签订合同呢？

合同应以书面形式签订

书面合同比较正式、庄重，给人一种严肃感。如果一方或双方违反了合同，白纸黑字，一清二楚，有证可查，谁也无法赖帐。口头合同弊大于利。因为口说无凭，双方都可以断章取义，各取所需，即使出现了违约行为也无法追究违约责任，收不到应有的效果。

合同条款应由双方协商而定

试着向孩子提出你的要求，并许诺只要他按合同的要求去做，就将获得想要的奖励。不要强迫孩子接受你的要求。允许孩子提出自己的想法，包括合同的具体条文以及他想得到的奖品。不然的话，孩子会认为：合同对你是有利的，是你用父母的权威强迫他同意的。因此，合同的条款要力争做到公正、现实。开始使用这一方法时，最好仅将那些孩子容易做到的事情写进合同中，对孩子要求太高是不现实的。要通过孩子自己取得进步，逐步树立信心，调动孩子的积极性，使孩子慢慢地自我完善。

合同内容应具体、明确

合同中规定孩子要做的事情必须是看得见、摸得着的，千万不要用那些诸如“合作”、“礼貌”之类的含糊、抽象的词语。合同中应使用正面的、建设性的语言，明文规定孩子应该做哪些事情，而不是通篇都是“不准……”，不像合同，倒像监狱手册。此外，合同应短小精悍，易于执行。

合同应贴在醒目的地方

要把合同贴在一个醒目的地方，让父母与孩子都看得见，以增强孩子的责任感。建议在家庭中开辟一个“交流园地”或“布告栏”，作为张贴各种通知、协议、合同的地方。厨房的墙壁或者冰箱的门是张贴这类布告的好地方。

合同的履行应定期检查

对合同的履行情况应每周检查一次，奖赏也应每周兑现一次为宜。时间太长将会使孩子失去耐心。可以在墙上张贴一张合同履行情况表。孩子按合同里的要求每做一件事，你就在表上画一颗金星。孩子会经常去看去数这些金星。看到金星天天增多，孩子会为自己履行了合同的条款而自豪。如果有一天孩子没有按合同规定做他应做的事情，决不要在表上画金星。否则，你会前功尽弃。

签订合同这一方法简单易行，它不仅能使父母和孩子相互理解，配合默契，共同解决问题，促进家庭和睦与幸福。而且与孩子签订合同促使孩子“履行”合同，还可以培养孩子的诚信意识和自我控制能力，其作用就不仅仅局限在家庭关系中了。签订合同的方法很好，你不妨试一试，结果肯定会令你满意。

八、使孩子行为规矩的有效方法——关禁闭

关禁闭是指孩子犯错误后，暂时将孩子关在一个他认为不好玩的地方，让他单独呆几分钟（时间不能太长），反省一下自己的错误。这是对孩子不良行为的一种惩罚方式。相对于其他惩罚方式而言，它较为理性和冷静，有助于孩子直面自己的行为，让孩子学会自我反省，并及时改正自己的错误。

在英国，关禁闭被认为是对孩子进行惩罚，纠正孩子行为的最简单、最有效的方法之一，它不像打屁股、唠叨、责骂那样容易引起父母与孩子之间不愉快的事情发生。

在使用关禁闭的方法之前，父母应该清楚地告诉孩子什么是关禁闭、为什么被关禁闭以及什么时候你将使用关禁闭的方法，你还要告诉他你将把他关在什么地方。这样当你真的关他的“禁闭”时，他就有心里准备。

许多父母使用关禁闭的方法很成功。现在我们将这种方法具体介绍给你。

订立家规，违反将被关禁闭

父母要给孩子订立行为的规矩，告诉孩子，如果他违反了这些规矩，你就要关他的禁闭。要孩子遵循的家规一次不可以订得太多，一两条即可。例如："你不能砸坏别人的玩具。如果你不听，到时候我就要关你的禁闭了。"有时候孩子可能故意砸坏别人的玩具来试探你，看你到底把他怎么样。这时候你应立即作出反应。你不要显得很生气。你应该表情镇静地提醒他："我们订过规矩。现在你把别人的玩具砸坏了，破坏了规矩，我只得关你的禁闭了。"然后，果断地将他引导你事先选好的地方去，让他独自在那里呆上5-10分钟。

选择恰当的关禁闭地点

选择关禁闭的地方很重要。这个地方应是在自己家里，这个地方没有什么可以分散孩子注意力的东西。具体的地方要依你家住房的结构和大小而定。通常选一个孩子找不到东西玩的地方，因为关禁闭的目的就是在特定的时间内限制孩子自由地玩耍。密封的阳台或洗手间都是较为理想的场所。一时找不到合适的地方，可以临时让孩子在过道上面对着墙角坐着，面壁思过。尽量避免让孩子待在卧室里，特别是他自己的卧室里，因为那里有很多东西会分散他的注意力。千万不要将孩子关在黑屋子里或壁橱里，以免吓坏孩子，对孩子的心理产生不良影响。也不要将孩子关在厨房里，因为那里有刀具等危险因素。

关禁闭的时间不能太长

关禁闭的时间没有统一的规定，因人而异。一般在5分钟以上。不论时间的长短，父母都事先向孩子说明，但要强调在此期间内他不能说一句话。如果他不遵守，就延长禁闭时间。我们建议父母用定时器来计算时间。这样父母孩子双方都知道什么时候结束禁闭。只要你态度坚决，他很快就会知道：只有严格遵守规定，老老实实不讲话，才能使自己走出那个“可恶”的地方，重新获得自由。

不要与正在关禁闭的孩子说话

有些父母关孩子禁闭时喜欢隔着门与孩子讲话。这种做法很不妥。关禁闭的目的就是让孩子闭门思过。孩子当然想与你隔着门谈话，以便获得你的注意和关心。他甚至千方百计地找各种借口向你恳求：“我站（坐）不住了”，或者说“如果你放我出来，我保证以后表现好”。在这种情况下，你一定要坚持“关禁闭的孩子不能讲话”这一条规矩。不管他怎么说，你都不要理睬。不讲话对孩子有好处，能让孩子安安静静地反省自己的过错。

关禁闭最适合3–12岁的孩子

关禁闭方法适合3–12岁的孩子，对低于或高于这个年龄的孩子都不太适用。越早采用这种方法，效果越佳。当然，万事开头难。孩子刚开始可能由于不适用这种方法而大哭大闹、大喊大叫。但只要你态度坚决果断，行动始终如一，孩子会在很短时间内适应。

很多家长发现关禁闭方法教育孩子效果很好。打骂羞辱孩子只能给孩子带来肉体和精神上的伤害。对调皮的孩子高声吼叫只能在家里制造互相仇视的气氛，引起父母与子女之间相互怀疑与不信任。然而关禁闭却能避免诸如此类的问题。

据我们了解，很多父母觉得自己的孩子不可救药。但是采用关禁闭方法后，孩子都有明显的进步。

关禁闭方法行之有效，这一点毫无疑问。但是我们必须提醒父母们，它是一种消极被动的方法，在万不得已的时候才可使用。所以，在教育孩子时，父母要力争主动，要多发现孩子的优点，并给予真诚的表扬，引导孩子积极努力，争取多得表扬，少关禁闭。

九、该打屁股就打屁股

对现代父母来说，“打屁股”也许是最不被认同的教育方法，是没有办法的办法。然而，从没打过孩子的父母恐怕很少，只有“十全十美”的父母才能做到绝对不打孩子，而世上极少有如此完美的父母。父母往往在忍无可忍的情形下动了手，事后又十分后悔、自责。但是，有时孩子的确该打屁股。

王太太说她的5岁的儿子森森很调皮，很不听话，她感觉自己无力把孩子管教好，但她从来不打孩子，因为她听儿童心理学家说，母亲打孩子可能会给孩子带来心灵创伤。她认为打孩子是不对的，因为心理学家反对打孩子。

像许许多多年轻的母亲一样，王太太拿不定主意，不知道如何让孩子听她的话。因为担心会损害儿子的心理健康，所以她几乎从来不打孩子。但她把打屁股这份讨厌的差事留给丈夫。

其实孩子做错了事，母亲不可以放弃生气的权利。如果母亲经常处于被孩子逼疯的境地，需要把不可忍受的愤怒发泄出来，打孩子的屁股是完全可以的。

但什么时候该打孩子的屁股呢?

该打屁股打屁股

当孩子故意惹你生气时，作为母亲，你的忍耐是有限度的，不要拖延，不要无休止的唠叨，不要吼叫、哄骗或劝说，及时给他的屁股一巴掌，这样你就很快了结了你内心深处不断升级的、无法忍受的紧张状态。你需要让孩子明白你是有感情的，你的忍耐是有限度的，你再也不能忍受了。

不要低估了你孩子的能力。他会明白他的确该打屁股。如果你是该发脾气的，他不会因为你发了脾气而恨你。

当王太太叫森森做事时，她常犯说话不算数的错误。她说话前后矛盾，缺乏自信，喜欢一天换一套家规。她讲话的声音暴露出她无信心、无决心。掌握了这个弱点，森森总是试着烦扰她，看她有何反应。

其实当王太太下一道合理的命令时，要向森森表明你已决定了，命令不可违抗。让他知道你不想浪费太多时间。

如果你拖延了相当长的时间后，再来残酷无情地惩罚你的孩子，你可能会给孩子，尤其是幼儿带来心理创伤。所以当孩子在清晨不听话时，你当时当地就解决好问题，不要拖到中午或下午。惩罚一再拖延对很多儿童是一种可怕的经历。

王太太总是等丈夫下班回家后再打孩子，那不是解决问题的好方法。森森太小，不能完全理解时间的意义。他很不明白为什么好几个小时前做的事——在他看来是很久很久以前做的事——现在还要受罚。像他这么大的孩子的时间概念与成人的不同。

按照孩子的时间观念，森森不能把现在受到的惩罚与好几个小时前的捣蛋行为联系起来。此外，他担心、害怕、焦虑，不知道会受到什么样的惩罚。这一切使得孩子对父亲产生报复心理，与父亲疏远。

不要毒打孩子

如果你养成了一种习惯，用皮带或是其他东西狠狠地毒打孩子，你无疑会使孩子更不守规矩，甚至走上犯罪道路。你要是那样毒打他，只会使孩子恨你，他会发誓报复你。我们曾见到很多有潜质的好孩子被无情的毒打所毁掉。很多孩子受到的伤害一辈子都忘不了。一个孩子如果经常遭到毒打，他将一事无成。你经常毒打他，他会更加不服从、不合作。

父母都想把孩子培养成正派和正直的人。只要对孩子不要过分控制，不粗暴，同时也不要唯唯诺诺、软弱无能，你就完全有可能实现自己的愿望。现实生活中很多事情要适可而止。任何事情都得有个限度。你也有脾气，也有发脾气的时候。你的孩子需要这方面的教育。一个孩子如果根本不知道自己的行为要受到一些合理的限制，他就成了一个小霸王，长大了就会成为一个大霸王，到哪儿都没有人喜欢。

如果你错打了孩子，虚心向孩子认错

有时候，你不假思索，错怪了孩子打了他的屁股，过后你感到内疚，很沮丧。解决这个问题的方法是等事端平息后，主动地接近孩子，拥抱孩子，虚心地承认你错了。但是你也要告诉他你错打了他是因为你为其他许多事情所烦恼。这样做会在你和孩子之间建立起最亲密的、温暖的、相互理解的感情。

绝不要是对孩子说你打他是“为了他好”。他肯定会看出这话的虚伪性。让他知道你打他实质上为你自己好，是为了发泄你无法忍受的紧张和恼怒的感情，孩子至少会因为你的坦诚而赞许你。

你的孩子需要尊重你的感情，需要懂得你也难免犯错误。做父母的不要装出十全十美的样子，不要尝试做一个从不犯错，从不发火，做事沉着、冷静、公正的人。你的孩子需要学会体谅周围人的感情。

不要做十全十美的父母

最糟糕的是做所谓的“十全十美”的母亲，从来不发脾气，从不打孩子，总是尽量和孩子讲道理。当你对你的顽皮孩子进行过分长时间的道德说教时，你只会削弱你做母亲应有的权威。经常吼叫、责骂、威胁也会削弱你的权威，纵容孩子的无礼行为。因此。对父母而言，孩子犯了不可饶恕的错误时，该打屁股就打屁股。

不到3岁的孩子不要打

根据心理学家埃里克森提出的人格发展阶段理论，3岁的孩子处于游戏期阶段，自主感十分强烈，同时孩子的良心、道德感也有了发展，自我统一性开始出现，而3岁前的孩子，这一切都没有出现，或者只是刚刚发展。在这一阶段体罚孩子，会影响他们做出正常的生理与心理反应，导致孩子身心的不健康。

12岁以后的孩子不能打

一般而言，孩子6岁以后就应尽量减少体罚，而到了12岁就应完全停止了。6岁以后，多数孩子已经进入学校了，独立自主意识有了较好的发展，自尊心越来越强，这时体罚容易伤害孩子的自尊心，使他丧失成长所必须的成功体验，影响人格的健康发展，养成消极、自卑的人格；而且在这一时期进行体罚，孩子能够清楚地记住父母对自己的体罚，在心灵蒙上一层阴影。

进入青春期后，儿童在肢体运动、认知、道德感等方面日渐完善，逐步形成完整的统一的自我。他们强烈感到自己是一个独立的、独特的个体，具有认识自我、表达自我、张扬自我的强烈要求。如果这时体罚孩子，他会感到这是对自己人格的严重践踏，产生强烈的抵触心理，一些男孩子甚至还会产生某种报复与逆反心理；而且，随着知识的增多，他们会清楚知道父母的这种做法违反了《未成年人保护法》，是一种违法行为，严重时孩子可能会起诉父母。

生理和心理特殊的孩子不能打

身体有残疾的孩子，行为亢奋有神经障碍的孩子，十分敏感的孩子，曾受过情感伤害的孩子不能打。由于这类孩子在生理和心理上的特殊性，打孩子容易导致他们自身的过激或偏激行为，给家庭带来不必要的麻烦。

无知或不知的孩子不要打

孩子犯错误，是因为无知或不懂；或是因为父母事先没有告诉孩子不能这样做，或者父母没有把话讲清楚，在这种情况下不要打孩子。

犯了父母同样犯的错的孩子不要打

爸爸妈妈自己都不知道这方面的事情应该怎么做，没有很好地在这方面以身作则时，不要急着去打孩子。等自己改正了这方面的错误，清楚地知道遇到这种事情该怎么做时，再去惩罚也不迟。

父母不在暴怒之下打孩子

因为这时打孩子往往只是发泄自己的愤怒，惩罚时往往会失去分寸，会忽视孩子犯错误的原因，也很难给孩子讲清楚为什么要打他，很容易失手打伤孩子。应等自己怒气平息了，头脑清醒了，再实施惩罚。

第二篇

好规则，好习惯，成就孩子的好生活，好健康，好品格

一、同伴交往要遵守一定之规

没有规矩，不成方圆

晚上九点之前要回家；不能夜不归宿；不能出入舞厅、游戏机厅、网吧等场所；不能抽烟、喝酒……对于孩子和小伙伴的交往，父母亲要尽早提出这些规矩，尤其是在面对青春期的孩子时。

青春期的孩子渴望独立，希望通过自己的率性行动来证明自己独立了，所以，他们渴望和同辈朋友进行无拘无束的交往，但是，因为涉世未深，年少轻狂，所以，他们经常会出现一些过激的言行。在出现这些言行时，他们并不是出于恶意，而是为了“装酷”、“扮成熟”。曾经在中学门口看到中学生向同学潇洒地发烟，而且有的学生用一只手夹着两支点燃的香烟在吸，这些故作成熟的伎俩，就像染头发、穿奇装异服一样，都是成长过程中的常见现象。面对这样的现象，父母亲一方面要保持宽容，不要动不动就严厉处罚，以致拉大亲子距离，另一方面，又要学会坚持原则，应该果断制止的就一定要制止。

果断制止孩子的违规行为

哪些是需要果断制止的呢？一种情况是可能会伤害自己的身体和意志的，如抽烟、喝酒，深夜在街上游荡甚至吸毒、赌博；另一种情况是可能会伤害他人和社会的，如聚众打架、乱闯红灯、破坏公共财物等。对于这些活动，一定要防微杜渐，这样才能减少各种悲剧的发生。

在原则问题上不能让步。一些孩子在违规之后对父母亲振振有词地提出抗议：“我们同学的爸妈都不反对这样做”。情形真的像你的孩子说的那样，别人家的孩子无论干什么家长都同意吗？

一位家长来咨询说：“我们15岁的女儿有一天晚上参加一个集会后很晚才回家。很显然，她喝了酒，醉醺醺的，满嘴酒气。我和丈夫感到震惊。第二天早上，我们就这个问题找她谈话。她的借口是其他参加集会的孩子都喝了酒，他们的父母都不反对。她说她已经长大了，可以做自己乐意做的事。她问我们做父母的为什么总想阻止她和朋友们一个样。我们也不知道这样为她担心是不是思想不开放。也许我们不应该干涉而应该让她和她的朋友们一样。请问你的看法是什么？”

我们认为，作为家长，对自己15岁的女儿的酗酒行为的确有责任管教。她绝对还没到能完全为自己的行为负责、不需要父母的任何关照和指导的年龄。不管有多少理由，一个15岁的少女过量饮酒绝对不适合。你的女儿找的是一个最常用的借口，许多青少年都爱找个借口为自己的某种不良行为辩护——“其他所有同龄朋友都这么做，他们的父母都不管。我为什么不能这样做？你为什么总希望我和别人不一样？”这是一个站不住脚的借口。遗憾的是很多家长容易上当。他们想：“反正其他家长都同意，我们何必反对从而破坏孩子们的雅兴呢？”因此，他们就大发慈悲让自己的孩子去干那些他们认为不该干的事。

原则问题不能让步

但是，情形果真像孩子说的那样，别人家的孩子无论干什么家长都同意吗？也许有的家长是这样，但也有许多家长不是这样的。原则问题不能让步。作为父母，你有责任关心孩子，包括必要时做出严格规定限制孩子，不让她做不适合她的年龄的事，比如说：不能酗酒。不要害怕别人说你思想僵化过时，不要怕别人说你多管闲事。孩子酗酒，父母必须管教，不得放纵。遇到这种情况，与其他有关家长取得联系，交流情况是一个好办法。和其他家长碰个头，你会惊奇地发现他们都很欢迎你在处理这个问题上所持的积极态度。他们的孩子也用同样的谎言欺骗父母。请你记住：团结一致，众人一心才有力量。所有家长联合起来共同做出决定：孩子们集会不准喝酒。一旦全体家长表现出同样的关心并定出共同遵守的规矩，问题就能迅速得到解决。

不过，还有一点很重要：家长们一定要让孩子们感到父母并不想侵犯他们的稳私权，并不想剥夺他们就某些问题做出决定的权利。不要进行太多的说教。大多数青少年从内心讲都感激自己的父母能在有关健康、安全、道德等方面的问题上关心体贴孩子，又尊重孩子的自主权。

二、多交朋友，交好朋友

朋友多了路好走

“跟同学一起去公园？现在都什么时候了，马上要考试，你的成绩一直没有起色，还好意思出去玩？不准去，乖乖在家做题……”不止一次，孩子和同学一起玩、郊游、社会实践的念头遭到父母亲的炮轰，而这个孩子也慢慢被同学们遗忘，很难融入同龄人的圈子。

如果幸运的话，这个孩子可能成为父母、老师眼中的好孩子，心无杂念，成绩优秀，最后进入好大学。但这个名校大学生很快会遇到交往方面的障碍：不懂得如何表达自己的想法，没有朋友，一到社交场合就紧张，到了求职、恋爱的时候更有可能遭到打击。

未来社会的竞争是激烈的，激烈的竞争要求孩子能够全面发展，既有学识，又有落落大方的交往能力。研究表明，交往能力强的人，拥有无数的好朋友，“朋友多了路好走”；拥有成熟积极的人生态度，在遇到困难时总是能够保持乐观、不灰心，“不抛弃不放弃”；拥有组织和领导才能，能够在人群中脱颖而出。你希望你的孩子成为这样的孩子吗？那么，请不要贸然打断孩子的同学友谊，更不要把孩子关在家里，让孩子离开同龄人的大队伍。

选择好朋友

当然，父母亲也不能彻底放手，让孩子随便交朋友，甚至为了和朋友一起玩而忽视学业。孟母之所以三迁，就是因为恶劣的朋友会影响孩子的成长，毁了孩子的一生。在放手和引导之间，父母亲要善于把握一个合适的度。

怎样做才是适度的呢？

“李冰成绩好，每年都当三好生，爸爸妈妈都是老师，要多向这样的同学学习；王华成绩那么差，还打过架，以后不要和他来往……”爸爸妈妈经常这样传授自己的“交往经”，嘱咐孩子在交往时要区分对象，多交些家庭背景好、品学兼优的朋友，“勿友不如己者”（不要交不如自己的朋友）。

然而，孩子并不是父母亲的应声虫，父母亲的建议可能会变成孩子所理解的“唠叨”，在交朋友等问题上，孩子与父母亲对着干。作为父母亲，怎样才能更有效地干预孩子的社会交往呢？

主动交朋友

我们要主动和周围的人们交朋友，让孩子能够和身边的优秀人士交往，向他们学习。优秀的邻居和同事可以对孩子产生积极的影响，甚至成为孩子的榜样、偶像。孩子的交往世界越丰富，受到教育和实现发展的机会越多。长期被父母亲关在家里的孩子，没有机会接触周围的人和事，孩子的视野难免封闭，生活也会变得比较呆板。

你的邻居的构成情况是复杂的，鱼龙混杂，而孩子因为经常在家门口活动，必然要和一些邻居的孩子一起玩，交朋友。而如果你作为父母亲没有主动和周围人交朋友，不了解邻居，那么，你只能被迫在一边判断一下邻居的孩子素质如何，继而有选择地对孩子发布绝交令（“三楼的孩子太粗野，你不能跟他一起玩”），然而，这必然会遭到孩子的抵制和抗议。与其如此，不如父母亲主动带领孩子和周围人交朋友。孟母带着孩子搬了三次家，就是为了给孩子提供一个良好的成长环境；对现在的父母亲来说，搬家应该是没有必要的，因为每个社区都有好人有坏人，最关键的，就是要学会选择交往对象，努力了解周围的邻居们并且与其中的优秀人士做朋友。

父母亲要主动关心所在地区、单位的公共事务，对周围的人们友好相待，选择品行端正、积极进取的同事、邻居做朋友，如果他们的孩子与你的孩子年龄相近就更要多接触。当你们家和好邻居家成为朋友之后，孩子就会经常地参与两个家庭之间的交往，受到可敬的叔叔阿姨、友好的哥姐弟妹的影响。在有一些好朋友的基础上，孩子会形成心目中好朋友的标准，在自主交朋友时也不会失去原则。

近朱者赤，近墨者黑

父母亲要关注孩子的同伴交往，指导孩子发展大方、友善、谦虚、诚实等品质。同龄人的交往，对孩子来说，是最重要的锻炼，因为在和长辈的交往中，长辈往往是无条件地爱孩子、支持孩子的；在同伴团体中，每个人必须靠自己的能力、品德来赢得支持。孩子总是要离开家的，不管家有多温暖；所以，爱孩子的父母亲必须丰富孩子的同伴交往机会，让孩子胜任同龄人的交往与竞争。

在很多情况下，孩子交什么样的朋友，父母亲是后知后觉的，往往是孩子有了伙伴之后，父母亲再来评头论足。其实，父母可以做的不只是评论、禁止，而应该是指导、鼓励。孩子们的可塑性很强，如果父母亲指导得法，任何一个孩子都可以成为真正的好朋友。父母亲要欢迎孩子带同伴来家里玩，要依据教育需要给孩子们设计游戏内容，指导孩子们对课程学习、文体活动、志愿服务等产生浓厚兴趣，引导同伴团体的发展倾向。当同伴团体偏向于玩乐、叛逆时，父母亲们要采取亲切、有效的行动，把孩子们的兴奋点纠正过来。

第一项工作和第二项工作可以合在一起来做。这个工作可以从孩子出生、搬入新居的第一天开始做起。父母亲选择与一些见解相似的家长做朋友，同时，带领孩子们成为朋友。随着孩子的交往圈子逐步形成，父母亲可以邀请孩子的朋友们到家里来玩，或者带这些小朋友们一起到公园玩，和小朋友们打成一片，这些朋友们的孩子基本上可以算作好伙伴。

一位母亲就和朋友们组织了孩子们的合作小组：

孩子在校内需要交流，需要活动，但那要受各种条条框框的限制，放不开手脚。只有属于孩子自己的活动空间，适宜的环境与气氛，才有利于他们进行学习、交流，吸收新的营养，才能释放更多的能量。

一天，当那些孩子在我家叽叽喳喳玩得正欢的时候，我问他们："愿意在一起玩吗？""愿意！"我这一问，替他们道出自己的心声。"愿意咱就组织起来，定期在一起活动，好吗？"我带着商量的口气问他们。

儿子一听最积极，自报奋勇："我来组织他们，到咱家来，可以吗？"

"不，最好轮流制，轮到谁家，就由谁的家长负责安排活动内容，不知家长是否同意？"我是想取得家长们的支持，发挥家长的优势和特长。

"好，包在我身上，我和冬生一起，到那几个同学家里联系。"

不几天，就把8个同学联络起来了，并把他们的家长姓名、电话记好，便于联系，真想不到儿子有这么强的办事能力。我鼓励儿子："你们联络起来了，你和冬生要起带头作用，团结那些同学，共同努力，争取办好。”

那些小孩子，多数是独生子女，他们是被宠惯了的“小皇帝”，有的个性强，有的太娇气。活动了几次后，他们之间就出现了碰撞与磨擦。有的家长一看见孩子流泪，自己心里就像流血，马上把孩子领回去。殊不知，成长中的孩子，碰撞与磨擦，争吵与讨论，眼泪与欢笑，正是他们不可缺少的催生剂。孩子需要在群体中受到磨炼，以孩子教育孩子，才是未来生活最好最真实的模拟。他们才会像江河里的卵石，经过冲刷和磨合，学会协调、平衡、友爱、宽容，更好地理解别人，善待他人，帮助别人，为自己的生存发展打下良好的基础。

有一天，儿子突然问我：“我们的‘快乐游击队’里少了一个队员怎么办？”我想这正是锻炼儿子的机会，让儿子亲自去做思想工作，可以使他学会与人沟通、交流，学会协调人际关系，这是在学校或在课本上学不到的处世技巧。我支持儿子，信任地说：“我想你会把他请回来的。”儿子担心地说：“要是他的家长不同意呢？”这时我想起“三顾茅庐”的故事，于是我鼓励儿子：“你不是看过《三国演义》小画书了吗？刘备不是三顾茅庐，才请诸葛亮出山的吗，你多跑几次，说说道理，他的父母会被感动的。”我的信任和鼓励使儿子增强了责任感与爱心，驱使他千方百计维护这个小群体。几天后，儿子告诉我不用“三顾茅庐”了。那个同学数学没考好，他主动帮助补习功课，只帮了两次，那个同学就回队了。

父母亲还可以借助讲故事、看电视等来引导孩子思考“怎样的伙伴算是好伙伴”，促使孩子形成积极进取的价值观。当孩子有了自己的选择标准之后，在交朋友时就比较有分寸了。

普通父母亲到青春期才会担心孩子交友不当，“近墨者黑”，其实，这已经迟了。从小就应该开始帮孩子寻找情投意合的小伙伴，让孩子一直有优秀的同龄人的陪伴，对孩子的视野、情感、生活习惯等的培养来说是一笔宝贵的财富；同时，也是一种“未雨绸缪”，可以有效地防止孩子在青春期交错朋友。

三、不当孩子们的裁判，教会孩子学会自我约束

孩子之间难免会发生打斗、冲突，一旦你不再扮演裁判的角色，说这个孩子对，那个孩子不对，孩子们之间的打斗就会停止。他们经常打斗是为了从你那里得到证明：他们的行为是正确的。一个孩子如果感到打架使他有机会得到你的肯定，那他是愿意继续打架的。

父母不当孩子打架的裁判

面对孩子们打架，父母就去把他们拉开，问他们是怎么打起来的、谁先动手等问题。然后惩罚父母认为是捣乱的那一个。这是很多父母常犯的错误，裁定孩子们打架谁是谁非是孩子们经常打架的原因。如果父母总是充当裁判的角色，对孩子们的打架行为进行裁决。这样做肯定把事情弄得更糟。

你可能认为先找一个孩子了解情况，再找另一个孩子了解情况，分别听取他们的意见，然后当场作出裁决是个好主意。其实不然，这种方法只会加深矛盾。那个被你判为有错的孩子会在第二天找机会挑起新的争斗。他要讨回“公道”，从你那里得到这次他“没有错”的评判。打斗就这样反复循环，长期进行下去。

孩子天生喜欢相互争斗

打屁股、责骂、制定严格的规矩并不总能解决问题。要让孩子感到你是真正地反对那些可恶的暴力行为。

同龄同性别的孩子天生喜欢相互争斗。父母只能设法将这种争斗减少到最低限度，千万不要将孩子们互相比较。比输了的

孩子往往只会更恨他的兄弟姐妹或小伙伴。这样会引起更多的争斗。

如果你的孩子过分地温顺，你也会感到焦虑的。在孩子正常成长的过程中，在游戏场合有时他们表现出某种粗野或侵犯行为也是必要的。所有孩子都爱寻衅闹事。因为孩子年龄太小，受人管制，不能自行其是，但他们需要发泄自己被压抑了的情绪。

了解你的孩子，因人施教

对那种害羞、腼腆的孩子，只需要用目光暗示一下，叫他们不要调皮就可以了。而对于粗野、顽皮，玩起来完全不知道是否对其他孩子有伤害的孩子，对他们就要严厉些。

当孩子屡教不改、经常调皮时，他可能是有什么心意要表达，有些埋没在心里的话要说，你应该多与他沟通，理解他，尽可能发现他的真实想法。

理解孩子，帮助孩子了解自己、学会自我约束。

如果你了解你的孩子，你和你孩子之间的关系可以更密切。例如，你可以说："我们俩都想一想，为什么你拿了那个孩子的溜冰鞋"；"我知道你的表弟把你心爱的玩具砸坏了，你非常伤心"；"我理解你，但我不能让你去踢小朋友"等等。用这样的话去温暖孩子的心，他会体会到你对他的爱，作为对你的爱的回报，他会尝试约束自己的行为。

父母不要在孩子面前有争吵、打斗行为。

有些孩子争斗是效仿家长的结果。父母在孩子面前公开争吵只能为孩子树立坏榜样。所以父母要自我约束，为孩子树立好榜样。要充分理解孩子为什么表现不佳。要从多方面找原因，不要以为就是孩子不对。

父母应立即制止孩子的打架行为

孩子们打起架来了，你应该立即制止，但不要提问，不要当场审讯，也不要任何借口。将他们分开，叫他们各自玩去，不做任何评判。一旦孩子们知道没有人给他们评判是非，他们也就没有什么兴趣再争斗了，紧张气氛将会消失，你会感到比以往愉快很多。

四、管理好孩子的早恋

早恋猛于虎

“早恋猛于虎”，很多中学生的父母亲是这样想的，而且从大学生的回顾来看，父母亲的担心并非多余。一些学生本来可以马到成功的，结果因为谈恋爱耽误学业，痛定思痛之后不得不“挥泪斩情丝”复读一年，有的则因为恋爱分心、成绩下滑而很不情愿地进入比较差的学校。

尽管如此，当中学生的恋爱受到老师和父母亲的盘问和禁止时，正在走向独立的中学生几乎是无一例外地挺身而出，与成人对抗，捍卫自己的权利和爱情。这时候，父母亲很为难：我明明是为孩子好，可是孩子不领情；任由孩子这样走下去，他们要吃苦头，走弯路，虚度光阴。怎么办？

不明智的父母亲下命令，禁止孩子和异性交往，甚至为了监控孩子而翻看孩子的日记、接听孩子的电话。这些做法是不适合的，因为中学生正处在青春期，青春期是孩子逐渐走向成人、最讨厌别人把自己当小孩子看待的时期。为了证明自己不是小孩子，中学生不愿意“听话”，哪怕这些话是正确的；不喜欢父母亲下命令、监视、偷听、跟踪，因为这些都侵犯了这些“小大人”的隐私。

聪明的家长要冷静看待早恋，分析原因，然后找到突破点。

正确对待早恋

在很多国家，没有早恋这个概念。在中学和大学的教学中，我们也遇到一些在高中谈恋爱但是成绩很好的孩子，两个人互相鼓励，共同进步，后来都考上很好的大学，有的已经顺利结婚。

家长要明白，交男女朋友，是孩子性心理发展的正常体现。一个十多岁的孩子如果从没有和异性接触过，甚至在父母的严密呵护下从没有喜欢过异性，很可能会影响他成年后正常的恋爱婚姻。早恋的危险不在于交异性朋友，而在于交坏朋友。孩子如果交了一个学习好的、乐观上进的、心理健康的孩子，两个人又能够互相克制、互相提醒、互相鼓励，那么早恋对学习不会有负面影响，有时还会起到积极促进作用。但如果孩子交了社会上的朋友或者不爱学习的朋友，那么，学习就会退步。所以，交什么样的男女朋友比“早恋”本身更值得家长关注。

分析孩子早恋的原因

心理学的调查表明：卷入早恋的孩子大多有一个特点——家庭不温馨。早恋的男孩通常跟妈妈的关系不好，他渴望女性的温暖，容易喜欢上一个主动关心自己的女孩。女孩如果感到被父亲忽视，就没有安全感，她会喜欢比较成熟的男孩。

另外，如果母亲太强势，总想控制女儿，女儿也容易早恋，而且早恋时会喜欢逆反的男孩，以此来间接表达对母亲的不满和反抗，为了“报复”母亲，她甚至会不惜和男孩子发生关系。那些生活在良好的家庭情感中的女孩，即使喜欢上异性，也不会过早地亲密交往，因为有父母亲在呵护她。如果孩子出现早恋现象，父母首先要反思自己，找到问题后，一定要努力改变自己。尤其是那些在孩子面前过分强势的父母，一定要牢记一句话——不要和青春期的大孩子较劲。如果您一定要他输，他在您面前会输的，但是，他会背着您变本加厉，最后孩子和父母受伤都更深。

什么样的孩子易早恋

1. 性格外向、相貌出众的人，比性格内向、外表平平的更容易发生早恋。

因为性格外向的人大多敢作敢为，敢于触犯校规，有适合自己的对象，就会大胆追求，并且相貌出众的人，常常是大家追求的目标，尤其是漂亮的少女，往往经不起别人的追求，她们以被男孩爱慕为荣，听信甜言蜜语，很快陷入男孩子的情网。

2. 喜爱文学、有文艺才华的学生容易早恋。

这些学生因受环境熏陶，感情丰富，多愁善感，喜欢用书中、歌里的浪漫情节来比较自己的生活，效仿艺术家笔下的主人公，追求理想的爱情天地。加上他们有某个方面的才华，常被异性羡慕，故很容易获得爱的信息。

3. 性格软弱、虚荣心强的学生容易早恋。

这部分人以女生多见，她们从小娇生惯养，依赖性强，找了男朋友，便觉得有了依靠，她们把自己附属于一个男孩，因此，很容易成为男生的爱情俘虏。而那些虚荣心强的女生，乐意接受男孩子的殷勤、赞美以及小恩小惠。有的学生是出于“攀比”心理，而走上早恋的。她们看到自己的同龄人有了男朋友，进出于电影院、舞厅、酒馆等，于是，也不甘落后。

4. 学习成绩差的学生比成绩好的学生更容易早恋。

这些学生常不受老师欢迎，在学习上很少受到特殊关心，也无法把精力放在学习上，从而根本不会从学习中获得乐趣。于是，他们便把无处打发的精力和时间转向爱情，转向社会，以弥补感情上的空虚。

父母可以这样做

我们还要看到，青少年的早恋行为是朦胧的，早恋的青少年对于早恋关系的发展结局并不明确。他们主要是渴望与异性单独接触，但是对未来组建家庭、如何处理恋爱关系和学业关系、如何区别友谊和爱情都缺乏明确的认识。而且，早恋行为也富于变化，是一种充满变化、极不稳定的感情关系，青少年之间一对一的早恋关系一般不会持续很长时间。

在分析原因之后，除了家长要改正自己的错误之外，还要对孩子讲道理，做思想工作，当然，最高明的父母亲能够将道理讲得“无声胜有声”。

讲道理是可行的。父母亲要学会心平气和地和孩子谈心，讨论一下爱情这个重要的人生主题。父母亲可以和孩子回顾自己几十年来的情感经历，让孩子认识到爱意味着“相互支持、努力实现理想”；可以让孩子意识到“爱他/她就要希望他/她幸福”，思考心上人的幸福生活是怎样的、怎么样才能让他/她过上幸福生活；可以让孩子意识到自己有责任关心和支持对方实现梦想；可以让孩子意识到因为一个男女朋友而失去和广大同学交朋友的机会是多么的可惜。中学生可能受一些爱情小说误导，把爱看作生活的全部，经过与父母亲、老师的冷静交流，他们会慢慢体会到爱的真谛，以理性的方式来看待同学之间的相互吸引。

除了直接谈论爱情之外，父母亲还可以利用看似与爱情无关的主题来引导孩子的思考。一个主题是时间。事实上，在早恋这个问题上，最关键的问题是时间，父母亲担心时间一去不回头、孩子顾了东头（恋爱）忘了西头（学习）。父母亲可以带领孩子一起阅读朱自清先生的名作《匆匆》，让孩子体会时间的宝贵，进而鼓励孩子制订时间计划表，用德、智、体、美、劳的各方面活动把时间填满，孩子慢慢养成珍惜时间的习惯，即使出现早恋，也不至于为了爱抛弃一切。

另一个主题是理想。当孩子有了远大理想之后，他/她自然就会认同这样一些表达：“先立业、再成家”、“儿女情长、英雄气短”、“生于忧患、死于安乐”等。所以，父母亲应该尽早着手引导孩子立志，让孩子向伟大人物看齐，这样，也可以很好地避免孩子沉迷恋爱、虚掷光阴的行为发生。

五、培养独立的孩子

在中国独生子女家庭中，父母把孩子看得比自己的性命还重要，他们真的很想把孩子永远保护起来，不让他受到一点挫折、打击。然而，父母与孩子的关系就像放风筝：初时放的线很短，把风筝牢牢掌握在手中；逐渐把线放长，让风筝飞上高空；最后，风筝在空中自由自在地翱翔，靠自己的力量来应对四面八方的风。

爱孩子，不是把孩子死死抱在怀里，把孩子罩在高大的保护伞下，而是要懂得放手的艺术。孩子终究要长大，要独立，要开创属于自己的生活。在孩子还小的时候，就要培养孩子的自立能力，让孩子为独立飞翔做准备，这才是父母的高明之处。

从小开始磨炼孩子

磨炼孩子的独立能力可以从以下简单事件开始。让孩子一个人睡独立的房间，孩子会害怕，而最担心的其实是父母：担心孩子着凉，担心孩子尿床，担心孩子窒息……让孩子独自去远方的亲戚家，孩子会害怕，最害怕的仍然是父母；害怕孩子迷路，甚至被骗。但父母要选择默默担心、默默注视，因为父母应该知道，放手对孩子是必要的。

让孩子自己解决问题

“让孩子自己爬起来”的道理是现在很多年轻的父母都知道的道理。但我们经常看到摔倒的孩子，却很少看到完全不扶的父母。有时候父母出于节省时间，把孩子一抱就起来了，一家人继续走路。确实，任由孩子自己爬起来，在一开始的时候是比较慢的。但慢慢你就会发现，尝试自己爬起来的孩子在后来表现不一般。

如果拿两个孩子来做实验，一个是自己爬起来，另一个是大人抱起来，我们可以发现这样的情况：最初，第一个孩子在自己爬起来时会比较狼狈，非常好笑，甚至还因为爬不起来而哭闹；第二个孩子被大人抱起来，大人的动作自然是很潇洒，孩子也很得意。不需要多长时间，情况会发生变化，当两个孩子再次摔倒时，第一个孩子会迅速地爬起来，第二个则可怜兮兮地看着大人。

孩子不断地长大，他所面临的问题、麻烦也会越来越多。这时父母要学会放手，让孩子自己解决问题。很多父母见不得自己的孩子受欺负（比如玩具被抢），于是介入孩子们的争斗，替孩子出头；孩子希望能当个班干部，家长会专门去找班主任，替孩子争取一个官位。人生道路是要自己走出来的，很多父母不明白这个道理，硬是要在孩子面前替孩子扫平道路，让孩子不吃任何苦头就走上阳关大道。然而好景不长，“送君千里，终有一别”，当孩子不得不独立闯荡江湖而又没有一丁点适应能力时，父母还不能意识到自己的错误，反倒被自己的孩子责怪。

让孩子吃必要的苦

有的父母见不得孩子吃苦，遇事首先给孩子很多忠告，然而，孩子并不一定听从，此时，父母会很委屈、很恼火：“我们都是为你好，为了让你少吃苦头，你还不听？”“有的道理，父母是明白的，也是正确的，直接告诉孩子，可以避免孩子吃这个苦头，并且加速孩子的成长。”很多父母都是这样想、这样做的，其实父母也应该理解，孩子并没有和我们一样的经历，对有些事情很难有真正的体会。结果，好心没好报，孩子嫌父母太唠叨，嫌父母限制了自己的自由，可是一旦离开父母，孩子的办事能力很差。

其实，每个人的成长都是别人不能替代的，明白人生的道理，有时是需要“吃一堑”，才能“长一智”的，每个孩子都要“吃必要的苦”。

中国现代家庭教育的鼻祖陈鹤琴先生写到：“凡儿童自己能做的，应该让他自己做；凡儿童自己能够想的，应该让他自己想。”孩子的成长是一个人在摸索中前进的过程，应该让他自己想，在失败中走向成功，这样的人，将来是会有所作为的。如果父母自作聪明地想通过各种劝告，让孩子避开所有的失败与打击，很有可能成为孩子所讨厌的“唠叨型”的父母，结果，孩子出于对父母的逆反而会犯下更多的错。如果孩子真的很愿意听父母的劝告，凡事都要回家请教父母，这样的孩子必然也是飞不高的。

除了让孩子亲身经历苦痛外，通过讲故事、看演出、带孩子做事等方式进行相应的传授，也会有效。但是，对于独立倾向、自我意识较强的孩子来说，让他品尝一下“不听老人言，吃亏在眼前”的滋味也是必要的。法国思想家卢梭在对爱弥儿进行教育的时候，如果爱弥儿把卧室的玻璃打破了，卢梭既不批评，也不给他装新玻璃，任由晚上的风把他吹感冒，这样，他就会明白“不准打破玻璃”这个规矩的意义了。阴天提醒孩子带雨伞，如果孩子执意不听。你也不要硬塞给他，只管让他淋一次雨，他肯定就会牢记这个道理。

孩子要吃苦，也意味着孩子要对自己的行为负责，自己解决问题。很多父母习惯于替孩子出头，孩子在外面做错了事，父母虽然很恼火，但还是替孩子解决问题，回家顶多把孩子骂一顿，这件事就过去了。这样，孩子就会觉得，不管自己做错了什么，只要说声“对不起”就可以不承担责任，父母自然会替他解决问题。事实上，父母这种包揽责任的做法，是不利于孩子的成长的。一个未满18岁的孩子，因为参与打群架导致别人受伤，被派出所带走了，父母不忍心看着孩子在派出所受苦，花了很多钱请客、送礼，硬是把孩子保了出来，结果，孩子并不知错，之后又多次光顾派出所，因为他经过第一次之后就形成了一种观点——“把我保出来是父母的责任”。父母心如刀绞，孩子却像没事人似的。

要让孩子吃苦，要明白小时候吃苦就可以避免长大后吃更大的苦，而且每个成就大事的人，都要在少年时代吃必要的苦。正如孟子所说：“故天将降大任于斯人也，必先苦其心志，劳其筋骨，饿其体肤，空乏其身，行拂乱其所为，所以动心忍性，增益其所不能。”

放手是一个渐进的过程

父母要知道放手让孩子独立是一个渐进的过程。凡事要把握好一个度，父母要逐渐放手。万事开头难，孩子一生中有很多的“第一次”，父母要善于把握“第一次”来养成孩子的良好习惯。当孩子刚刚开始小学生活时，父母要督促孩子自己设定闹钟，自己准备上学用具，自己的书包自己背，把学习任务放在第一位。如此孩子逐渐养成自己的事情自己做的好习惯，独立性也就慢慢养成了，并学会自己做自己的主人。

六、别让蜜罐成毒罐

蜜罐里的孩子长不大

现在的孩子生活在蜜罐里，人们用这句话来形容孩子生活得很幸福。生活在蜜罐里的孩子每天吃好、喝好、玩好、享受着父母提供的各种优质服务，但是在蜜罐里的孩子何时才能长大呢？

在父母眼里，每个人都是小孩。但孩子多大才算大？

从孩子上小学起，父母就帮孩子承担背书包的责任。等到上大学了，爸爸妈妈拧着几个大包到处跑来跑去办入学手续，学生背个小包站在旁边玩手机。进入宿舍，爸爸妈妈搞卫生、铺床、挂蚊帐，孩子坐在干净的书桌前打开手提电脑玩游戏。

真正希望孩子幸福的父母，在出手帮助孩子做事之前，应三思：这是不是孩子自己应该做的事情？他真的需要我帮忙吗？他自己做，是不是更能促进他的成长？

蜜罐里的孩子长不大。这种蜜罐式教育，看上去很美，其实有毒。

事事代劳，毒害孩子的劳动能力

关于代劳，家长的想法，要么是保护孩子，要么是担心孩子分心，认为孩子只管把书读好就行了。所以对于像搞卫生等简单家务从不不让孩子插手，孩子的动手、动脑能力得不到发挥。其实，适合孩子年龄段的劳动不仅培养孩子的勤动手、勤动脑等能力，还能培养孩子尊重父母、尊重他人劳动成果的良好品质。

过分保护，毒害孩子的意志

意志坚定的孩子有韧性，面对困难不退缩，面对挫折不灰心，面对失败有一种屡败屡战、越战越勇的坚持。而意志脆弱的孩子则渴望马到成功，似乎所有事情只要做了就得成功，有一点困难就会犹豫，有一两次挫折就决定放弃，一次失败所带来的打击，就好像天塌下来一样严重。

有些青少年意志力薄弱，动不动就闹着离家出走、跳楼自杀，这与家长的关爱、保护有很大关系。父母从来不放手让孩子争取成功，看到孩子受一点苦，就让孩子休息，这样，孩子稍微受点委屈，就会受不了。

过分迁就、放纵，毒害孩子的社会认知

小小的手越来越灵活了，他开始在家里拍来拍去，不仅摔东西，还不时往大人身上打几下。他拍着外公的肚子，外公说：

"小小在给外公按摩呢！"妈妈抱起他时，他就用手在妈妈头顶拍两下，外婆在旁边笑着说："妈妈坏，一整天不抱小小，该打！"

蜜罐里的孩子就是在这样混淆是非的教育中长大的。《颜氏家训》曾经这样概括蜜罐式家庭教育："饮食运为，恣其所欲，宜诫翻奖，应诃反笑，至有识知，谓法当尔。骄慢已习，方复制之，捶挞至死而无威，忿怒日隆而增怨，逮于成长，终为败德。"意思是：吃饭做事，都是由着他的性子来，本来应该批评的地方反而奖励他，本来应该呵斥、喊停的地方反而一笑了之，等到孩子长大以后，就会觉得事情本来就是这个样子，自己就是社会的中心，所有人都要听他的。这个时候，骄傲、自私已经成为习惯，父母发现问题严重，开始管理，但是即使把他打死也不能确立正确规则的权威地位，父母对孩子越来越生气，孩子对父母也越来越逆反，最终这个孩子不可能有成就。

曾经有这样一个故事。有个老奶奶特别疼爱孙子，一天，为了哄孩子吃饭，竟然趴在地上让孩子当马骑！孙子骑到一半觉得不过瘾，提出要像骑真的马一样，用绳子拉着"马"脖子，手里拿着鞭子赶着"马儿"走，老奶奶居然也同意了！结果勒脖子的活扣变成了死扣，越勒越紧，勒得老人喘不过气来，话也说不出来。最后老人就这样被自己的亲孙子活活给勒死了。是什么导致了这种悲剧的发生，是奶奶的放纵！

封闭孩子，毒害孩子的社交能力

"危险！""别动！""别跟他玩！""自己玩自己的！"这些话是父母最常对孩子说的。一些家长巴不得把孩子24小时拴在自己身边，似乎这样孩子才会安全，孩子才不会受到委屈，生活才会太平，家长才会放心。长此以往，孩子缺乏基本的社交能力，走到社会上根本无法适应。

安全固然是很重要的，但孩子不可能一生是总平平安安，有可能是风风雨雨一辈子。孩子将来总是要自己去打天下的。朋友多了路好走，如果他不交朋友，不懂得为朋友付出，不懂得向别人提出要求，不懂得倾听他人的意见，他的人生道路会平坦吗？

总体来说，蜜罐式家庭教育是错误的，这种错误的发生，不是由于父母不爱孩子，而是由于父母不懂得如何爱孩子。过分的爱护就是溺爱，溺爱会让孩子“溺水而亡”，这种“亡”不是生理的死亡，而是生命力的丧失。过少的管教是纵容，纵容就是给孩子过分的自由，他的生命力量四处乱撞，就会变得奇形怪状，最终“无所取材”，成为废物，甚至“养子为患”，成为就家庭和社会的祸害。在这种意义上，“过”与“不及”都是害了孩子。

别太把孩子当回事

独生子女时代，家庭生活中很重要的一条原则，用一句通俗的话说就是：不要太把孩子当回事。父母对孩子的重视要有限度，太把孩子当回事，让孩子成为家庭的中心，从积极的方面说满足了孩子追求归属的需要，从消极的方面说导致孩子娇生惯养、自我中心、没有规矩，影响将来的人生幸福和家庭幸福。

父母太把孩子当回事，宁愿牺牲自己的一切，完全忽视自我，这种做法是不可取的。父母要规划自己的事业发展，发展自己的爱好，将事业上的成败、爱好中的喜悦和孩子分享，让孩子慢慢理解父母丰富的人生。父母要重视与亲朋好友的交往，带领孩子参与这些交往，让孩子知道父母的生活中，有很多人值得关心，并不只有孩子一个人。

七、看电视会不会影响孩子的发展

看电视要有限度

很多孩子之所以不能按时完成作业，不能早睡早起，都是因为看电视。要想让孩子保持充分的学习热情，以饱满的状态出现在课堂上，父母亲不得不强调这样一条规定：看电视要有限度。

在华中科技大学的《家庭教育学》课堂上，一些学生讲述了他们从小被要求少看或者不看电视的故事，而少看电视对于这些学生的成长来说，确实发挥了重要的作用。晓军同学说："由于早晨要起得很早，所以爸妈从不让我熬夜看电视。冬天的时候看完动画片大约七点就睡觉了，夏天一般八点钟也睡了，这不仅使我养成了早睡早起的好习惯，还使我对一些电视剧，尤其是肥皂剧从不感兴趣，在我看来，看电视就是浪费时间。"晓文同学的父母亲则因为担心看电视影响孩子学习，一直没有买电视，直到晓文读小学五年级时，家里才买回一台电视机。

很多时候，年轻的父母亲因为忙于工作，很喜欢电视这个廉价的儿童看护，因为把孩子往电视机前一放，孩子就可以安静地坐几个小时，父母亲就可以安心地搞自己的事情。这样的父母亲是自私而且无知的，他们对儿童看电视的危害没有足够的重视。

长时间看电视的不良影响

专家建议儿童看电视的时间要尽可能地缩短，两岁以下的孩子每次看电视的时间不应该超过十分钟，原因在于看电视时间过长会带来很多不良影响：

首先，孩子会养成被动吸收信息、懒于动脑的习惯。电视所提供的信息，完全可以用"井喷"、"海量"来形容。电视节目将声音、色彩、人物、情节等融合为一，每一个画面都包含了大量的信息，而这些信息恰恰能够牢牢地把观众（尤其是青少年观众）征服。然而，信息太过丰富，变化又很迅速，孩子们在没有来得及细细体会某一个情节或者某一句话的时候，更新奇的内容又出现了。久而久之，孩子们习惯于接受电视带来的视听享受，而不加思考，甚至会爱上这种不需要动脑的活动，因而讨厌需要动脑筋的作业、预习等。总之，电视迎合了孩子的惰性，而不能诱发孩子的活力和创造性。

其二，孩子的身体健康会受到损害。健康专家指出“儿童长期看电视有百害无一利”，最明显的是电视看太多会增加眼睛的负担，造成视力减退；正值成长、发育期的孩子，如果太常看电视而运动不足，会变得体质虚弱，成为肥胖儿。

其三，孩子的人际交往受到影响，兴趣单一。因为迷恋电视，孩子渐渐放弃了和小伙伴们一起游戏的机会，即使和同学在一起聊天，也主要是交流看电视的心得。本来可以得到发展的体育运动、文学艺术等方面的兴趣慢慢萎缩。有的家庭连吃饭时间都把电视打开，一家人静静地看着电视吃饭，大人说句什么话孩子还嫌大人干扰了他看电视，家庭成员之间的沟通受到很大影响。

此外，迷恋电视使孩子不按时吃饭，营养不良；使孩子不能平静地写作业，学习成绩受影响。

这样看电视才健康

电视给我们提供了大量的资讯，丰富了我们的业余生活。鉴于长时间看电视所带来的各种危害，我们给予下列提醒与建议：

1. 人与电视的距离一定要在两米以上。

2. 收看时间，视力较好的人1小时，近视的人则不能连续看30分钟以上。

3. 保持姿势正确，不可躺着看电视。

4. 房间照明要适度，不可太暗。

5. 避免靠近窗口，以防户外阳光的反射。

6. 电视机高度应略低于视线。

7. 广告时间最好闭上眼睛休息。

8. 力行眼保健操，并不时看看远景。

一些学校倡议，儿童看电视时间每周不超过两小时，也是有道理的。虽然电视提供了丰富信息，但就少年儿童的实际生活而言，还不需要从肥皂剧、娱乐节目里获取最新的流行信息。

八、不看“无脑”电视

学会选择电视节目

现在很多电影、电视整个就是“无厘头”的一通闹剧，没有任何主题，也不倡导什么价值观（其实质是在传播游戏人生的价值观）。于是，在我们打开电视机时，还要学会选择电视节目。

太过商业化运作的电视台、流行乐坛，没有考虑过连续剧和歌曲对社会大众，尤其是天真烂漫的青少年儿童的影响。父母亲必须对此有所防范，在打开电视的时候，一定要进行分辨，坚决抵制不应该让孩子看的节目。

一对美国夫妇选择把电视机丢进了储藏室，导火索是举世闻名的电视剧《蝙蝠侠》。《蝙蝠侠》节目中虽然有不少暴力场面，但每集的结尾部分都会进行一些有益的教育。如：永不轻言放弃，最大的成就是把敌人变成朋友等。然而，孩子们并没有学到后面的价值观，而是学会了互相厮打，打得哭哭啼啼。在吓唬和限制收看时间等办法都不奏效之后，他们只好把电视机搬到了储藏室。

如果因为《蝙蝠侠》就可以把电视丢掉，那么，中国绝大多数家庭的电视可以不需要用了。武侠片当然也在传播侠义精神，但青少年更多的模仿其中的盖世神功；宫廷戏不断翻新，把历史上最腐败的剥削者——皇帝、公主塑造成天上有、地上无的明君圣主、英雄人物，而日复一日的下跪、“奴才罪该万死”等在不断地传达着奴才意识和尊卑有别的观念；青春偶像无所不能，但似乎从来都不需要学习、工作，一天到晚在忙于恋爱、游玩、喝茶，不仅引得年轻人争相扮酷，而且，为他们对抗父母亲提供了佐证和现成的台词：“老爸，你懂什么是爱情吗？”更有越来越多的综艺节目，热衷于选秀（从“超女”、“快男”、“星光大道”到“我爱记歌词”），重复着已经不能再重复的口水歌，把上电视的门槛降得越来越低，不仅吸引孩子们的视线，而且通过参建“粉丝团”、短信投票等方式把魔手伸向孩子们的腰包。面对这样的节目，我们觉得，电视机废掉也罢。

偶尔关掉电视，创造丰富的家庭生活

看电视已经成了很多家庭的习惯，有些人一进家门就本能地打开电视，仿佛不看看电视，时间就没办法打发。我们倡导少看或者不看电视，但必须处理好一个问题：

如果没有了电视，你们会做些什么？

这是一家英国报纸要读者们思考的一个问题，这个问题，对家长来说，很值得慎重对待（假定你们不会立刻开始玩电脑、上网）。

如果你交了白卷，说明你们一家人的生活方式太过单调，说明你对于如何协助孩子安排生活实在不够了解。电视之所以吸引孩子，是因为电视节目有趣，关掉电视之后，你应该能够协助孩子在生活中培养兴趣，创造比静静地看电视更加有趣的活动。

可以一家人一起运动，比如饭后散步、打球、爬山，到山顶搞一次野餐。

可以一家人一起做家务，让孩子分担一部分劳动，之后一家人大吃一顿，作为对全家人的犒劳。

可以一家人一起走亲访友，还可以和亲朋好友一起，共同带着孩子们运动、旅游，让孩子有更多的机会和同龄人一起玩。

可以一家人一起参观博物馆、美术作品展，参加音乐会。

可以一家人一起谈一下近期的进展，一起读一篇感人至深的文章，交流一下读书心得。

美国一个教育协会整理了一家人可以一起做的很多事情：

谈话，牵手，散步，跳舞，一起旅行，一起购物，玩游戏，共同进行一件工作，分享兴趣，相互支持，来一点小惊喜，玩扑克，一起笑，听音乐，一起创造记忆，拥抱，经常表扬，相互信任，在快乐和困难时刻支持对方，在对方需要时出现，享受自然的平静，在不是特别时刻的时候发一张卡片，用手势表示我爱你，钓鱼，劳累后给对方按摩一下，计划一个有趣的夜晚，参加周末派对，去动物园，骑自行车旅行，相互感谢，分享秘密，每周有一个乐趣，讲梦想，经常一起吃午饭，记住生日和纪念日，学习能够一起玩的游戏，去看电影，参加体育活动，玩雪花，烛光晚餐，开车出行，去博物馆，对对方的工作感兴趣，用爱心来解读对方的活动，到喜欢的地方去度假。

那对因为《蝙蝠侠》而丢掉电视的美国夫妇用自己的经验证明丢掉电视可以让孩子享有更加多彩的童年。在丢掉电视之后，孩子们最初的反应是惊讶，继而是悔悟，最后则是哭闹、哀求："让我们看看电视吧，什么节目都行，求求你们了。"有一段时间，孩子们甚至会趴在储藏室的窗口，只为能看一眼已被拔掉插头的电视机。但"把电视机搬走确实很有好处。头一两天大家会感到无所事事，但到第三天你就会有种欲望，想读一本书，与家人谈心，到邻居家串门，或者去放风筝。"没有了电视之后，他们才发现自家的后院里有那么多有趣的东西。男孩子们在屋外的蹦床上玩得非常开心，女孩则在遮阳篷底下玩芭比娃娃或过家家。冷天或阴天的时候，女孩子呆在室内画画、猜谜语、或者唱歌，男孩子则玩牌或下棋。有一次他们还自己排了一出戏。他们自己设计剧情、化妆、表演，结束后还一本正经地鞠躬谢幕。假如有电视看的话，他们永远也不会想到干这些。

无须彻底拒绝电视

当然，在现代社会，彻底拒绝电视也无必要。一家人共同欣赏一台晚会、一部电视剧，也是一种很值得回味的欢乐时光。但看电视的时间不要太多，并且对电视节目一定要有所选择。

1. 选择主流频道

现在的电视频道太多，应该如何选择呢？一般来说，首选是央视。中央电视台推出了各种频道，这些频道的丰富多彩的节目能够带领孩子漫步名山大川，领悟世态人情，走入童话世界，贴近经典声音。尽管一些家长觉得央视太过正统，但对孩子来说，接触主旋律，形成积极的心理世界，还是必要的。央视的节目80%以上可以让孩子自由观看，但要控制好孩子的观看时间，而其他地方台的节目，孩子在观看之前，家长必须进行筛选。

2. 过滤电视节目内容

对于孩子要求看的电视节目内容，父母最好先看几遍，从主题、风格、艺术性等方面进行大致的把关。有些节目（包括动画片）过于暴力，或者过分强调儿童的自由，或者有色情方面的内容，太过成人化，对于孩子形成健康、积极的生活方式是不利的，要坚决进行封堵。

3. 陪孩子一起看电视

父母应该尽量陪孩子一起看电视，这样既可以了解孩子的视野发展情况，也能及时地回答孩子在观看中提出的各种问题。一些父母对孩子喜欢的电视节目、歌曲一无所知，会拉大亲子之间的距离。

4. 和孩子讨论与电视有关的话题

在一起观看了半小时或者一个小时的电视节目之后，父母要拉着孩子一起运动一下，比如散散步，同时交流一些观后感。在讨论时，父母要保持一颗宽容的心，哪怕孩子讲一些不成熟的观点，父母也要冷静、耐心地倾听，这是成长中的必然阶段；同时，也要平静地拿出自己的更加成熟和深刻的想法，供孩子参考。

九、上网要有节制

2009年，我们参与了“绿色上网”的宣传教育工作。在工作中，我们发现，大批家长对于网络所知甚少，对于如何引导和规范孩子上网缺少准备。

“绿色上网”的要点其实不在孩子，而是在于家长和网络服务公司。如果网络服务公司加强对网络信息的过滤，或者家长在家用电脑上安装“绿坝·花季护航”等软件，基本上就可以有效地防止孩子被网络上的不良信息所吸引和毒害。

上网有节制

上网问题的关键是让孩子有所节制，不要变成“网瘾少年”。一些家长感慨：孩子回到家以后，打开电脑就下不来了。一些孩子因此而成绩下滑，而报纸上经常出现的“网瘾猛于虎”、少年上网卒死于小网吧、荒废学业终至退学、为了网费对父母动武的故事每每引发家长的恐慌。你会为这个问题恐慌吗？你对你的孩子有信心吗？如果你的孩子已经有了成瘾的表现，你知道如何应对吗？

或者，少年上网成瘾的报道现在已经很难引起人们多少感叹了，因为这样的例子，实在是太多了，读者都看麻木了。但是，试想一下，如果这个孩子就是你家的宝贝，这件事就足以破坏你们一家的幸福生活。

网瘾有毒

上网成瘾，直接影响孩子的学习时间、学习成绩、身体健康，隐性而深刻地导致孩子脱离真实交往，对现实生活中的很多东西失去兴趣，亲子关系恶劣等。并不是说网络有毒，而是要提醒父母亲注意这一点：年幼的孩子是很容易成瘾的，对于新奇的、好玩的东西，是没有抵抗力的。电脑、网络是现代文明的标志，但不管是孩子还是成年人，一旦沉迷其中，就会深受其害：如果十几岁的中学生热衷于成为游戏宗师，他/她的学业如何保证？如果二十几岁的小伙子每天都守在电视机前，他还如何立业、成家？他的幸福生活还有希望吗？因而，对于电脑、网络这些可能是福旨可能是祸根的因素，父母亲必须采取对策：高明的父母亲会陪同孩子有节制地享用现代文明，远离现代文明所带来的不良影响；而如果你没有足够的耐心和智慧的话，那么，最起码可以让孩子远离这些东西。远离固然会有些损失，但相比孩子的沉迷、成瘾，损失要小得多。

在山东某市进行家庭教育咨询时，很多家长都对买不买电脑、装不装网络拿不定主意，因为他们身边有活生生的例子：本来成绩很好的学生，买了电脑之后就天天上网，成绩一落千丈。一些家长为了避免这种后果，干脆不买电脑、不装网络，但有些人的工作恰恰和电脑、网络分不开，怎么办呢？

在青少年上网成瘾这个问题上，我们要学会分析原因，了解哪些孩子更容易上网成瘾，孩子在什么情况下容易上网成瘾，而不是消极地剥夺孩子上网的机会。在生活中，有些在家里没有机会上网的中学生，可能会疯狂地沉迷于网吧，被网吧里的不良分子欺负、蒙骗。如果不加强对孩子的研究，不针对网瘾原因进行系统的防范工作，仅仅在家里切断网络，是没有意义的。

网瘾成因逐个数

青少年上网成瘾的原因是什么呢？研究者发现，直接原因是青少年的自制力不足，经不起诱惑，或者青少年在现实生活中找不到成就感，没有朋友，到网络世界中寻找成就感和朋友；就深层而言，青少年上网成瘾是家庭生活和学校教育中的种种不良因素共同促成的，主要因素如下：

1．家庭中长期溺爱、娇纵导致青少年规则意识不强，缺乏自制能力。一位妈妈口口声声要限制读初一的儿子的上网时间，但在咨询中又流露出“做完作业之后每天都可以上一会网”的意思，对孩子的疼爱导致了生活缺乏章法。成人对青少年玩电脑游戏、上网聊天和玩游戏等行为在开始时缺乏警惕、规定和引导，等到上网成瘾之后才匆匆应对，错失了教育时机。

2．家庭教育中父亲缺位导致孩子失去安全感，转而向网络世界中寻求情感支持。大量上网成瘾的孩子要么是在单亲妈妈身边长大，要么虽然家庭完整但父亲长期不在身边，这可以说明，父亲参与家庭教育是极为必要的，父亲的参与，可以帮助孩子确立安全感，更加讲究秩序和规范。

3．学业繁重，产生厌学情绪，到网络世界中寻找乐趣。中国的孩子们从幼儿园开始就进入了一场与分数、名次相伴的马拉松，这场马拉松的紧张程度在初中、高中达到极限，各种作业、辅导、考试严重摧残着青少年的身心健康，尤其是那些学习成绩不够突出的学生很容易产生厌学情绪，到网络世界中寻找乐趣是最方便的渠道。

4．在家庭和学校中缺少健康而丰富的同伴交往机会，缺少友情。现在的孩子大多是独生子女，在家里没有伙伴；中学生课业负担重，没有时间发展友情，再者，中学为了确保教学秩序和学习效果，对学生的同学交往进行了很多限制，家长为了防止孩子交友不慎也设置了很多障碍，所以，孩子们普遍缺少朋友，而这时，网络中聊上一分钟就可以推心置腹、得到赞美的朋友、伙伴很受欢迎。

5. 以分数论高下，大量学生在学校和家庭中没有成就感。学校班级规模大，如果成绩进不了前十名，孩子被老师忽视、瞧不起、讽刺的可能性很大；成绩也影响父母亲的态度，成绩不好就是“一丑遮百俊”，成绩不理想的孩子回到家里之后，老是被大人们翻来覆去的批评、训斥，得不到积极的评价。网络游戏却能迅速地升级，让青少年有用武之地，而且马上得到同病相怜的朋友们的热捧和钟爱，自然很容易留住他们。大量学生在进入初中、高中的第一个学期里因为周围同学实力变强、从原来的佼佼者变成普通一兵而非常不适应，所以，这一个学期也成为网瘾的高发期。

以上所分析的上网成瘾的原因，应该引起绝大多数父母的重视，因为你的孩子或多或少地正处在这样的环境之中。

十、 如何拒绝网瘾

网瘾是一件偶然的事情

可能你已经比较重视家庭教育和孩子的健康成长，但你的孩子可能正遭受着这种情况：家庭生活比较没有原则性，孩子用电脑的时间没有什么限制；孩子的父亲长期出差，或者每次回家也很少和孩子交流；孩子学习任务太重，每天忙于作业、辅导而没有时间游戏，一家人在一起没有让孩子高兴的时光；你不能想办法增加孩子的同伴交往，看不到孩子其实很孤独；老师对孩子的态度很冷淡，孩子在学校里没有朋友，对此，你什么事情也没有做；你见到孩子的第一句话就是“今天学得怎么样？考试了没有？”看到成绩单的第一句话就是“你长脑子了没有？”……

或许你的孩子还没有上网成瘾，但如果孩子的生活中有这样的情况，你确实无法高枕无忧，因为网瘾可能随时会找到你的孩子。

有一个初中生，从小成绩优秀，独立能力强，就是因为刚上初一时有一次在课堂上和同桌讲话，就被老师狠狠地批评，因而很委屈，跟着同桌上网吧打游戏发泄，结果被老师发现，再次受到批评，从此喜欢上了网络，一发而不可收拾。从这件事情上，可以看到网瘾对孩子来说，是多么偶然的一件事；对父母亲来说，是多么值得警惕的一件事。

高明的父母亲，要预防网瘾的发生。而事实上，预防网瘾，意味着对现有的家庭生活、教育理念和方式进行全盘的清理，或者换句话说，网瘾并不是在挑战某些家庭，而是在挑战中国所有家庭和学校的教育理念：我们是不是为了分数而忽视孩子的情感需求？我们有没有考虑到每个孩子健康成长所需要的友谊、成就感、归属感？

预防网瘾，你可以这样做

综合考虑各方面因素，在预防网瘾方面，你可以这样做：

1. 一家人多一些共处时光，创造愉快的家庭记忆

忙于工作的父亲应该多抽时间回家，和家人共进晚餐，共同郊游，让孩子感受到你对他/她的关心和爱护。即使因为出差等原因不能出现在孩子身边，也应该时不时地打电话、发短信、寄礼物等表达对孩子的关心和期望。有的父亲往往是等到妻子管不住孩子的时候才跑来把孩子训一顿，这样的父亲当然不能满足孩子的情感需要。单亲妈妈要想办法为孩子争取父爱（美国人离婚之后孩子仍然要定期见到父亲或者母亲，而我国在这一方面对孩子的权益保护不够）。

一家人在一起，应该是和谐、愉快的，不要总是一成不变地过着柴米油盐的生活，更不要天天盯着孩子的成绩说话，要把孩子带出去玩，或者和孩子一起大扫除、种花等，让孩子在家庭生活中发现乐趣。

2. 重视全面发展，适当关注成绩，为孩子提供宽松的成长环境

孩子在学校里天天都在和学习、分数、排名打交道，回到家里首先需要换个频道，休息一下。父母亲要学会在孩子身上发现优点（如长高了、更漂亮了、更懂事了），要学会寻找轻松、愉快的话题（如做了什么好吃的、学校里有什么新闻、周末打算去哪里玩）。当孩子和父母亲有话可说，聊得很开心时，孩子的情感需要可以得到一定的满足，亲子关系变得亲密，父母亲的价值观、意见更能被孩子接受。

在家庭生活中要建立亲子沟通的常规机制，父母亲与孩子要就花钱、同伴交往、看电视、上网、学习等问题进行正规而多形式的沟通。青春期的孩子渴望与父母亲平等对话，也愿意讲道理，如果能够在孩子没有出现任何问题之前进行讨论、沟通，就可以防患于未然。

当孩子的成绩不够理想时，父母亲要学会分析情况，尤其是不要带着评论者的态度，而是持一种成长伙伴的立场，和孩子一起分析问题，让孩子知道你对他有信心，鼓励他迎头赶上去。在孩子改善学习状况的过程中，不要拿满分来衡量孩子，而要看到孩子的进步，如果孩子从70分变成了72分，你就要学会表扬，因为他在进步；千万不要希望孩子一下子从最后几名跃居前十名，认为孩子没有进前十就不值得表扬，那样的话，孩子就永远不会在你身边找到成就感。

3. 重视同伴交往，鼓励孩子交朋友

孤独是孩子不愿意面对也不应该承受的痛苦，父母亲要鼓励孩子交朋友，而不是防止孩子交朋友。本书中提到了一些做法，如和文化修养相当的家庭结对子，让孩子们经常一起玩，一起写作业；邀请孩子的同学到家里来做客，邀请同学们来家里一起完成作业、打球等；鼓励孩子参加集体活动，参加同学组织的爬山等文体活动，都是很好的做法。

父母亲还要在同伴交往方面给孩子以引导，让孩子学会大方、宽容，让他们明白：不要问朋友为你做些什么，首先问自己能够为朋友做些什么；多看同学的优点，少看同学的缺点；重视同学的爱好、生日，重视节日祝福等礼节。父母亲可以陪伴孩子一起为同学、朋友选择礼物，制作卡片，这些都能培养孩子对于同伴交往的兴趣，促进孩子在同伴交往中收获友谊和成就感。

4. 加强与老师的联系，为孩子争取更多的支持和鼓励

老师不会主动地表扬你的孩子，除非你的孩子太出众。如果孩子的水平一般，而你不希望孩子被忽视或者讽刺的话，你就应该加强与老师的联系。定期通过到校或者电话等形式向老师汇报孩子的表现，表达你对老师的感激和期望，认真地做好老师布置给家长的作业，以及邀请老师共进晚餐等，这都是拉近老师和家庭的距离的有效方式。

长期规划，杜绝网瘾

如果孩子已经出现了轻微或者中度的网络成瘾，你最需要做的是冷静下来，细细地开展一系列的干预，而不是惊惶失措，或者痛骂孩子，或者干脆把孩子送到所谓的矫正机构进行强化。可能你需要一些协助，但你必须认识到：网瘾的形成是“冰冻三尺，非一日之寒”，再高明的咨询师和培训机构也不可能在几天之内让孩子彻底断绝网瘾。

你需要有长期作战的规划，这个长期，可能是一两个月，也可能是一个学期、一年，有时你需要采取一些极端措施：

1. 安排有特色的家庭活动，和孩子走到一起

节日的旅行、家人的生日等，是吸引孩子从网络世界中走出来的重要机会，要安排活动。活动要有创意，例如爬山、野餐、游泳、打球等。活动提供了亲子沟通的机会，但千万不要急于就上网问题进行批评，而是多夸奖孩子所表现出来的优点，如动手能力强、关心老人等，以此来拉近距离。

2. 布置简单事务（包括家务）让孩子去做

孩子有时也不想上网，但没事做的时候就心里痒，不由自主地就打开了电脑。你可以安排孩子做饭、洗衣服、和你一起大扫除，安排孩子去给爷爷奶奶送东西，让孩子到爷他奶奶家住几天，布置孩子练书法等。这些事情，能够占用孩子的时间，让孩子慢慢培养对网络的免疫力，淡化对网络的依赖。

3. 和孩子一起学习，督促孩子较好地完成作业

孩子迷恋上网而不能按时完成作业的情况很普遍，父母亲可以通过在一边陪伴、服务、鼓励、协助，促使孩子安心写作业。

4. 鼓励孩子多进行正常的社会交往

鼓励孩子和同学、同龄人交往，安排一些正常的家庭待客、同学联欢活动，让孩子们知道父母亲对他们的关心和宽容。同时，让孩子在设计集体活动的过程中施展才华，释放交往热情。

5. 在孩子因为网络而对学习失去兴趣的情况下，父母亲可以采取极端措施

父母亲可以代孩子向学校请假一两个星期，送孩子去打工，带孩子去访问一些孩子所尊敬的长辈和同龄人。有位父亲拖着孩子陪自己一起跑长途，让孩子在副驾驶的位置上看到父亲连续十天的辛劳，体会长期开车、洽谈生意的艰辛，由此，促进孩子的良心发现。

6. 多与孩子交流

与孩子进行谈心，如果孩子知道网络的害处而无法拒绝并且心存悔意的话，父母亲要表示对孩子的理解和支持，表明立场，和孩子共同克服网瘾。克服网瘾要逐步进行，循序渐进，可以首先限定上网次数（如每周三次），将上网规定贴在电脑上和房间醒目位置，当孩子在开始几天遵守很好时，大大地进行表扬，同时通过写作业、特色家庭活动等来填充孩子的时间；在孩子偶有违反时暂时不进行批评，在周末对一周情况进行小结，肯定孩子的进步，督促孩子给自己提出更高的要求。如果父母亲能够克制住自己的盛怒，冷静地看到这个不够理想的孩子的进步，孩子就会一天天地走上正路。

7. 寻求专家帮助

父母可与心理咨询师、教育专家保持联系，每周进行小结、汇报，听取专家意见。

总之，如果父母亲能够保持对孩子的尊重和鼓励，采取有力措施让孩子对家庭生活、同学交往、学习、文体活动等恢复兴趣，孩子就一定能够重新变得阳光起来。父母亲要善待孩子的错误，尤其是要加强自我反省，不要动不动就批评孩子。

如果你的孩子表现良好，没有出现任何问题，那么，请您对照预防措施，进行调整，让孩子的成长保持在正确的轨道上；如果你的孩子已经有了问题，请您对照干预措施，进行改善，让孩子尽快回到正确的轨道上。

十一、创造融洽的亲子关系

融洽的亲子关系，温馨的家庭生活

同样一句话，从孩子喜欢、尊重的人嘴里说出来，就成了孩子的信条；从孩子讨厌、鄙视的人嘴里说出来，就成了耳边风或者是唠叨。融洽的亲子关系，是成功的家庭教育的必要条件，而且，家庭中的每一个人，都会因为家庭生活的温馨而受益。

家庭教育是在生活中的教育，融洽的亲子关系，稳定的家庭生活，是最重要的教育力量。融洽的亲子关系，是尊重孩子、鼓励孩子成长的关系，是轻松幽默、用微笑支持孩子成长的关系，是举重若轻、用温情来关怀家人的关系。融洽的亲子关系支持着孩子的乐观和勇敢，父母亲要做孩子身后稳定的支持者，让孩子在人生第一步就沐浴在鼓励之中。如何确保亲子关系的和谐、融洽呢？

父母、孩子共同活动

一家人要有尽可能多的共同活动，比如一起做游戏、郊游、种菜园、做清洁。在这些活动中，每个人有自己的分工，为共同的事业做出贡献。当孩子跟在父母亲身旁的时候，他会有一种参与的愿望，父母亲要及时察觉，学会给孩子布置任务。当孩子取得进步时，父母亲要真诚地进行庆祝。为孩子精心准备一顿生日晚餐，指导孩子许下生日愿望，在新年和孩子一起把“福”字贴到门口，对孩子而言，这些都是很有趣的经验。

不对孩子求全责备

在和孩子一起做事的时候，不要求全责备，对孩子有太高的要求，因为孩子刚开始学习做事，必然达不到你的标准。如果你要求第一次洗衣服的孩子就洗得很干净，没洗干净就当着孩子的面亲自重新洗一遍，那么，他可能再也不想洗第二次。这个道理，大人和孩子都是一样的，假设你刚把家具擦了一遍，妻子一会又仔细擦一遍，你的感受是什么？太能干的妈妈会养出很懒惰的孩子，并不是因为孩子生来懒惰，而极有可能是因为妈妈不愿让孩子做事，不愿为了孩子降低她做事情的标准。

“和孩子一起成长”，这是内涵极丰富的理念。在做事情方面，父母亲是不是可以和孩子一起从较低的标准成长到较高的标准，对孩子做事时的不完美、不漂亮保持必要的迁就呢？对于家庭主妇来说，一尘不染是重要的标准；对于母亲来说，孩子的成长才是最根本的目标。只要孩子在成长，当孩子主动给你端来洗脚水时，你的喜悦，难道还不足以阻挡你注意到他一路走来晃到地上的水吗？当然，迁就要和引导相联系：一方面，你要对孩子进行由衷的赞赏：“宝宝能自己洗衣服了，真是太能干了”；另一方面，你可以在下次孩子洗衣服时温柔地提醒一下孩子：“宝宝，我们来把袖子挽起来，好不好？”

洗衣服的例子是一个最简单的例子，但是在家务劳动、学习、旅游等过程中，只要父母亲能够掌握住在宽容中引导、积极鼓励的原则，指导孩子的过程就可以成为一种愉快的过程，孩子就可以在快乐中不断成长。

融洽不是无原则

融洽不是一团和气，宽容不是无原则的迁就。孩子的成长过程中总会出现这样那样的问题，比如贪玩、不讲卫生、不懂礼貌、早恋等。在面对这些问题时，不要急于发火，因为孩子之所以有错误，是因为不明白道理；父母亲要学会和孩子进行诚恳地交流，促膝长谈。

有位同学的父亲是这样做的：

初中时，我沉迷于武侠小说，迷失了自己，忽略了学习，忘记了家庭，只是一味地看小说，最终中考没有进入理想的高中。放假后，父亲和我长谈了一晚。在交流中，我知道了人之所以是人是因为“人是一只有思想的芦苇”，人拥有自己的思想，能够主宰自己的生活。自此以后，我有了自己的思想，懂得了思考人生，感悟生活。

人拥有自己的思想，应该主动把握自己的生活，而不是被外在的诱惑牵着鼻子走。当孩子们沉迷于追星、网络游戏、恋爱的时候，他们可曾想到过不久之后将要面对的挑战？父母亲常常为孩子的不明事理而生气、责骂，要求孩子即刻改正。他们常对孩子说："我走过的桥比你走过的路都要多"、"我是为了你好"，然而，孩子就是不理睬，原因何在？父母亲的交流方式可能有问题，总是希望用两三句话解决问题，希望让孩子"听话"而不让孩子明白其中复杂的道理，这种方式，不利于孩子认可父母亲的观点。

故事中的父亲就不是这样。他不急于批评孩子，而是给孩子提出深刻的人生问题，让孩子思考人是什么、人生的意义在哪里，引导孩子意识到自己的问题，慢慢认识到父亲的建议是正确的。青春期的孩子最欣赏父母亲的见识深刻、知识渊博、做法别致，父母亲要积极学习、充电，在教育孩子时努力做到别具一格，努力成为孩子崇拜的人。

以身示范讲故事

父母亲还可以采用以身示范的方式来交流。给孩子讲自己成长过程中的故事，尤其是自己在哪里吃了苦、犯过错，这些经验对生活有怎样的影响；自己曾经面对过哪些困难，最后是如何战胜困难的。这些故事，能够让孩子走进你的生活世界，拉近亲子距离。当然，父母亲的讲述要避免成为唠叨，可以通过和孩子一起翻阅老照片、回家乡扫墓、写作个人回忆录等生活化的形式，让孩子自然而然地成为你的听众。

爱他（孩子）就要说出来

中国人是不善于表达感情的，在语言方面有时是"爱你在心口难开"，比较笨拙的。过年过节，全家人聚在一起，似乎只是在吃吃喝喝，什么心愿、祝福之类的话都很少，仿佛一家人实在太默契了，"一切尽在不言中"。然而，就算再有默契，有些话也是有必要说出口的，对于孩子的成长来说，这种沟通尤其有必要。

就拿过年来说吧。过年是一年的结束，也是新的一年的开始，父母亲对于孩子，孩子对于父母亲，肯定是有一些话想说的，比如，对孩子过去的表现进行肯定、鼓励，对孩子接下来的学习、生活、工作提几点期望。然而，我们看到一般的家里，过年就是张罗吃饭、旅游、看电视，父母亲有时想开口说几句，但觉得不知道怎么说就放弃了。久而久之，父母亲的想法还能不能被孩子准确地知道呢？会不会问题慢慢变多，孩子和父母亲之间的距离越来越大呢？

父母亲是孩子的第一任老师，有责任引导孩子全身心地体验生活，其中也包括着情感的体验。父母亲主动、明白地向孩子表达自己的喜怒哀乐、悲伤、惊讶、思念、厌恶，让孩子知其然且知其所以然。父母亲可以给孩子讲故事，引导孩子思考各方面的问题，体会其中的情感。家庭生活中要为情感表达与沟通留出必要的时间，节日来临的时候要郑重其事地表达一下你对孩子的期望，在父母亲生日的时候要隆重安排孩子为寿星祝酒，还可以通过早晚问好等将情感表达纳入家庭的日常生活之中。

这些安排，初看有一些“表演”的成分。表演是无可厚非的，只要不是伪装。适当的表演，只要运用得好，会给家人留下美好的回忆。

一位香港朋友介绍了他们家的新年聚会。新年聚会是年纪最长的伯伯主持，几房的儿女们都全家赶来。在聚会时，伯伯要郑重地对本年大事进行回顾，对来年提出期望，其中的重点是对家族里事业有成、学习进步的成员进行表扬、鼓励、发放奖品。这样的聚会，能够很好地传递积极的价值观，促使孩子向好人好事学习，很值得各个家庭借鉴。

创建亲子关系的八个细节

为了营造融洽的亲子关系，父母亲有必要注意下面的八个细节：

1．鼓励的话语。每天早上对孩子说："祝你度过愉快的（充实的、美好的）一天！"（Have a nice day!）在孩子面对困难时说："我对你有信心！"

2．阳光的笑脸。早上微笑着跟孩子告别，摆一个"V"字手势；傍晚孩子回家时，精神饱满地跟孩子打招呼，夸张地说一声："宝贝，你回来了！"让孩子感觉到你的热情。

3．进取的姿态。孩子希望看到锐意进取、事业有成的父母亲，你应该保持进取，让孩子以你为荣，这样，你更有可能以孩子为荣。

4．积极的分享。当孩子或你有一些进步或成功时，全家人一起举杯庆祝，或者外出旅游，让孩子知道你很在乎他的进步、这个家是一个崇尚进取的家庭。

5．坦诚的沟通。主动表达你的价值观、原则和你对自己和孩子的期望，说出你的心里话，让孩子了解你的想法，同时，避免唠叨。

6．耐心的倾听。倾听孩子，就像你希望孩子倾听你一样。倾听是对孩子的尊重，而孩子很在乎你是不是尊重他。

7．花样翻新的表达。祝福、鼓励的话，可以是直接说出来的，也可以是发在短信里的，贴在冰箱上的，夹在书里面的，还可以在发表在网络博客里的，用手势来表达的，用礼物来表达的。不断改变方式，可以让孩子感受到你的活力。

8．有创意的安排。安排每周一次的家庭会议，全体成员平等发表意见，这在中国家庭中是少见的；安排孩子跟着你一起去上几天班，让孩子了解你的工作和辛苦；带孩子一起去做义工，让孩子做几天管家，为孩子的生日写一篇热情洋溢的讲话稿……各种有创意的举动，都能帮助你赢得青春期孩子的崇拜。

十二、家庭教育要有共识与合力

步调一致才能得胜利

现在的孩子，生活在爸爸、妈妈、爷爷、奶奶、外公、外婆的簇拥之中。所有陪伴孩子的人要达成共识，在孩子面前尽可能地步调一致，做到同一个声音、同一种要求，而不是互相“拆台”，或者“公说公有理，婆说婆有理”。

父母亲相互挑剔，会影响孩子对规矩的习得，也会制造家庭生活中的很多事端。试想，如果父亲对孩子说：“在家要站有站相，坐有坐相！”而母亲则当着孩子的面挖苦父亲：“就你那样，懂得什么叫形象？”那么，孩子还会真心实意地照父亲说的去做吗？所以，希望孩子在父母亲身边顺利习得各种规矩，父母亲首先应该对各种规矩达成共识，不要以为“我真理在握、你一无是处”，不要说“孩子的事你不要管”。

有时，孩子还会利用父母亲没有共识这一点“兴风作浪”。比如她想再买一套新衣服，跑去缠妈妈，妈妈不耐烦，把她推给爸爸，而爸爸想再把她推给妈妈。这时，狡猾的孩子跟爸爸说：“妈妈没有意见了，由您说了算！”这时，爸爸就没有了推脱的理由，家庭很有可能要多一笔不应该的支出了。其实，父母亲完全可以在第一时间告诉孩子：“我知道你的想法了，回头我跟爸爸/妈妈商量一下再把决定告诉你。”

结成稳定的教育同盟

在育儿这个问题上，父母亲必须要合作，结成稳定的教育同盟——在孩子面前尽可能地步调一致，做到同一个声音、同一种要求。这样会有两个好处：一是孩子明白规则是确定的，不是父母亲随便改来改去的；二是孩子明白规则是严肃的，央求父亲或者母亲都是没用的。

在育儿中，建立稳定的教育同盟，父母亲需要做如下的工作：

1. 在向孩子提出规定、命令之前，父母亲要进行事先沟通

父母一方对教育孩子有新想法的时候，不应自以为是，而要跟爱人交流，因为，父母对孩子的成长负有同等的责任和权利；而且，交流可以让爱人知情，让爱人也贡献智慧。这样，原来想法中不合理的部分就会减少，不完善的地方可以得到完善，“出台”的方案就更能适应孩子全面发展的需要。沟通体现了对爱人的尊重，如果爱人发现你不尊重他/她的想法，他/她极有可能故意对着干，以示抗议。

2. 确定家庭教育的主管人

家庭生活中总会有些突发情况，如孩子突然想索要朋友家的玩具，这是出乎父母亲意料之外的。此时，主管人就有权自作主张，拿出一个方案并坚定地执行。另一方即使有不同意见，也不应在现场与爱人争执，而是要按照主管人的方案来行动。主管人的方案如果是错的，总会有机会来弥补；可是一旦在孩子面前争吵起来，父母亲的权威地位就一下子在孩子心目中崩溃了，再想树立起来就难了。

3. 努力激发孩子对父母亲的尊重。

希望孩子喜欢自己、尊重自己，这是人之常情，但父母亲千万不要为孩子更喜欢哪个人而争来争去。即使是母亲在全程陪着孩子，她也要不断地在孩子头脑中灌输“爸爸很伟大”的观念，反之亦然。这样孩子才不会“厚此薄彼”。

要成为稳定而有力的同盟，父亲和母亲必须掌握“我们”这个概念，形成共同体的思维方式。

在孩子有问题时，要学会跟自己的妻子说：“我们该怎么办？”

在孩子有进步时，要学会跟自己的妻子说："谢谢你把我们的孩子教得这么好！"

当孩子跑来投诉妈妈或爸爸时，要学会跟他/她讲："妈妈/爸爸这样做，是有道理的"，或者，"我待会儿跟妈妈/爸爸商量一下，好吗？"

在妈妈的生日或者母亲节要来的时候，要学会跟孩子商量："我们想办法给妈妈庆祝一下，好不好？"

……

在有些家庭中，父亲和母亲不是稳定而有力的同盟，孩子有了进步，就把好处都包到自己身上，开口就说"我儿子"、"我女儿"；孩子出了问题，就推卸责任，说"都是你把孩子惯成这样的"。这是极其不负责任的做法；而且，因为总是把自己和爱人区分开来，对于家庭的和谐和稳定来说，也是不利的。

很多时候，爷爷奶奶、外公外婆是家庭教育中不能回避的角色。在孩子出生之后，他们都会向年轻的父母亲伸出援手，帮忙照顾和教育孩子。我们反对完全的隔代培养，因为这样会导致亲子关系淡漠、孩子被娇惯、早期开发被忽视等问题；而是希望父母亲和祖父母共同照顾孩子，让孩子既得到足够的关爱，又从小生活在父母亲身边。

祖父母登场之后所出现的最大问题，是父母亲、祖父母的教育观念差异。如何教育孩子，如何应对孩子成长中的各种要求与问题，在父亲与母亲之间达成共识已经是不容易了，在两代人之间达成共识就更难了。一个女同事的妈妈过来照顾外孙，受不了女儿对外孙的训斥，跟女儿说："你以后要骂他可以，不要在我面前骂。"母女之间有分歧，沟通还比较容易；如果是婆媳之间有分歧，相互都不好意思讲，慢慢就会有问题。母女之间都有冲突，更何况婆媳呢？

观点不同不必激动

在家庭生活和家庭教育方面，每个人的观点不同是必然的，然而，“观点不同不必激动”，分歧并不一定会导致冲突。既然大家都是为了孩子好，那么，就要做好沟通工作，努力建立父母亲和祖父母之间的教育同盟。这个同盟的队伍壮大了，工作也相应复杂了，但基本工作还是相通的：

首先，要确定家庭教育的主要责任人或主管人是谁。在发生重大问题时，主管有权裁定，其他人必须服从主管的决定，而不能在孩子面前与主管争吵，影响主管人在孩子心目中的权威地位。

其二，要确立全体成员共同讨论成长问题的常规机制。每周六下午可以拿来召开一次家庭教育例会，父母亲、祖父母可以就孩子成长中的问题及相关的顾虑、期望进行开诚布公的讨论，形成相应的方案；也可以共同学习家庭教育的指导性材料，扩展“老师们”的视野。

主管人要熟练运用沟通中的基本法则，进行以肯定、表扬、鼓励为主的沟通。当其他家庭成员做的哪件事情符合主管人的教育主张时，主管人要不厌其烦地就此事进行表扬，加以阐发，使其他成员在一种愉快的心境中接受主管人提出的建议。一般人都愿意听表扬而不是批评；而且，主管人一般是晚辈（孩子的父母亲），晚辈表扬长辈的话是很容易说出口的，而要晚辈批评长辈，还是很需要勇气的一件事。

其三，要确立教育同盟的基本规则，如在孩子面前不互相攻击、在孩子面前维护长辈的尊严、坚持求真、向善、创美的成长路线等。爷爷奶奶和爸爸妈妈要有团队意识，互相尊重，互相维护，尤其在对孩子的规定方面，要保持一致，不能妈妈不给糖吃，姥姥偷偷给糖吃；妈妈不给钱花，奶奶背地里塞钱给孙子。

如果你的家里存在教育意见不一致的问题，希望你能采取积极行动，着手建立夫妻之间、两代人之间的教育同盟，而不是回避问题。普通年轻人在涉及家庭成员的沟通时，会面露难色，想效仿古代的“百忍图”，觉得多一事不如少一事，凡事差不多就好了。这种心理最好能够尽早去掉，因为一忍再忍既不是教育孩子的有效办法，也不是实现家庭和睦的有效办法。无论是做人还是做事，都要坚持原则，当然这种坚持，不是固执己见、埋头苦干，而是大家围坐在桌前，慢条斯理，求得相互的理解，确立大家都能接受的规则。

十三、学会与孩子交流

不做家长，做父母

现代教育理念强调父母亲在面对孩子时要有清晰的角色定位，不要做“家长”而要做“父母”。为什么？因为家长顾名思义就是一家之主，是高高在上的，家长和孩子之间的关系因而成了管理者与被管理者之间的关系，不符合亲子之间相互平等、相亲相爱、其乐融融的要求。相比“家长”，父亲、母亲就轻松一些，做父母不做家长，要求爸爸妈妈们放下做家长的架子，蹲下身来和孩子交流，学会倾听孩子的想法，学会和孩子一起游戏，给孩子创造更美好的童年。

经过解释之后，你会发现称呼的改变是必要的；但家庭是最讲求实际效果而不重视花哨的，如果你的想法和做法没有改变，说话、做事仍然是家长制的一套，对孩子呼来喊去，不肯听孩子讲话，你就制造了与孩子之间的距离、隔阂、矛盾。一些父母亲（尤其是父亲）希望自己跟孩子保持距离，这样，“孩子就会怕我，我让他往东，他就不敢往西”，他们很担心一旦距离没有了，他们和孩子很亲近了，孩子就会放肆，目无尊长。在很多情况下，他们的想法是有道理的，本来很怕父亲的孩子，天天生活在父亲身边时，就不再怕父亲了。是不是所有做父亲的人都要跟孩子保持距离？我们真的需要孩子怕父亲吗？

千万别让孩子怕你

事实上，依靠严厉、大声训斥让孩子因为害怕而遵守，是舍本而逐末的一种做法。孩子怕你，在你面前不敢越雷池半步；但只要你看不到他了，他就会像刚刚挣脱牢笼的囚犯一样放纵，充分享受自由，尽情地做那些你不让他做的事情。试问，你训斥的目的，仅仅是让他在你面前做个老实孩子吗？肯定不是。如果孩子在你天天的训斥下也没有形成规则意识，没有养成讲规则的习惯，你的训斥其实并没有让孩子进步多少。在《红楼梦》中，贾政就是一个努力与儿子宝玉保持距离的父亲。他不拘言笑，更不轻易赏识孩子，总是不断地批评，甚至是责打，以致宝玉在人前能说会道，在他老子面前有如寒蝉，不敢多言一句。然而，不敢多言一句的宝玉离开父亲的视线之后，仍然是做自己想做的事，父亲交待的任务，他一件都不想做，贾政的教诲，岂不是无用功？

让孩子怕自己，还是既不可靠也不划算的。儿子怕老子，因为老子强壮，能打儿子，但儿子在一天天地长大，总有一天，他觉得自己足够强壮了，就不会任由老子打屁股了，到那时，老子说话的权威性就大大降低了。而且，孩子怕你，什么都不敢跟你讲，什么时候也不愿呆在你面前，你会失去了解孩子、分享快乐的机会，你还能享受到天伦之乐吗？当你觉得亲子交往很单调、很乏味的时候，希望你能想到：正是因为你制造了和孩子之间的距离，所以孩子离开了你，而且本来应该与孩子相伴的活力、趣味、笑脸也离开了你的孩子。

用关怀的方式与孩子谈话

很多父母说话孩子根本不听，因为他们没有掌握与孩子谈话的艺术。更不知道怎样用关怀的方式与孩子谈话。因此，与孩子谈话时，他们习惯于用简单粗暴的方式。

李太太就是这样，她根本不懂得如何与孩子谈话。这一点是她与11岁的女儿之间有隔阂的内在原因。对于李太太，我们提出的建议是改变与孩子谈话的方式，学会用关怀的方式与孩子谈话。

为什么提出这样的意见呢？

因为李太太在与孩子谈话时，常用粗暴尖刻的语言伤害孩子的自尊心。她总是用些羞辱性的语言吩咐女儿做事。例如："你是怎么搞的？叫你……你却……"，"你聋了吗？我叫你……"，"我对你说了一万遍了"，"你什么时候才能学会……"等等。李太太的话里充满了对孩子的责备和轻视。这就难怪孩子讨厌她了。母亲这样的谈话方式侮辱、激怒了孩子，使孩子感到绝望，使孩子产生报复心理，故意跟母亲作对。

当孩子对起码的该听的话都不听时，家长会大发雷霆。但是，千万不要攻击孩子，不要伤害孩子的自尊心。只有找到一个正确的解决问题的办法才是明智的选择。

1. 善用第一人称

当孩子做错了事的时候，可以用第一人称开头的句子来表达你的气愤。例如："我感到心烦意乱"，"我很失望"，"我感到生气，因为你……"，"我很反感你那样说"，等等。你还可以向孩子表明你为什么生气，但又不会伤孩子的自尊心，孩子会认真地听取，但她不会恨你。这样一来，亲子之间的交流自然也就畅通无阻了。

2. 不使用人身攻击的语言

千万不要使用人身攻击的语言，如"你是个笨蛋"，"你非要我说一千遍才……"，"看看你搞的什么鬼名堂"，"看你找了个多么愚蠢的借口"等。这些说法起不到任何教育的作用，只能深深地伤害孩子或者激怒孩子。

3. 从正面帮助孩子

为了让你的话更好听，为了让孩子的言谈举止由坏变好，父母必须充分地了解孩子，特别是对孩子的优点要了如指掌，多从正面帮助孩子：帮助他认识自我，建立自尊。对孩子的任何一点长处，任何一点进步都要给予充分的肯定。

为了在你和孩子之间建立起一种和谐美满的合作关系，你可经常用些关心、理解的语言与孩子说话。例如："这件事做得好"，"再做一遍给爸爸看看"，"真有趣"，"我知道你会做"，"你真聪明"，等等。说这些话的时候，你还可以流露出关怀的神情，或者亲昵地抚摸孩子的头。

4. 奖赏孩子

关怀性的谈话偶尔与具体的实际奖赏结合起来，效果更佳。让孩子知道她为什么受奖。例如，你可以微笑地对她说："你能猜出来为什么爸爸和妈决定今天先带你去看电影，然后还要带你去吃馅饼吗？"你的孩子会兴高采烈地回答："因为我精心地照顾了奶奶。"你可以同意她的看法，肯定地说："对，在过去几天里，你对奶奶很关心，照顾得很周到。因此，你得到了这份特殊的奖励。"

5. 倾听孩子

在与孩子交流的时候，要学会倾听孩子。父母亲不能以家长自居，剥夺孩子表达感情的权利。不论孩子是对还是错，父母至少要让孩子谈出自己真实的感受。孩子像成人一样，有喜怒哀乐，有爱有恨。你没有必要同意她的观点，但你必须承认她有表达自己思想感情的权利。务必让孩子感觉到：在任何情况下，她向你敞开心扉都是安全的，你是她完全可以信赖的人。

十四、孩子，你要坚持下来

阳光总在风雨后

1983年的全国高考作文题列了一幅漫画，一个人扛着铁锹在挖井，在他身后已经挖了几个大大小小的坑，这些坑离水层已经很近了，但他总是在即将到达终点的时候放弃，觉得这里不可能有水，于是又继续到前面去挖坑。

这幅漫画经常被作为励志教育的题材，因为它提醒人们要坚持到底，在工作和学习中有耐心，能够忍受暂时的挫折和失败。有些孩子缺乏足够的勇气来面对学习和生活中的困难和挫折，我们经常会听到他/她这样说：这个太难了，我学不会；我不想学了。

面对这样的孩子，我们要告诫他：孩子，阳光一点，坚持下去。阳光意味着保持信心，不畏艰难，不怕挫折，不放弃奋斗和希望。对父母亲来说，一个充满阳光的孩子意味着省心和放心。一个大学生怀着感恩之心，回顾了自己被迫坚持的故事：

有一阵子，院子里流行滑冰，我也买了双溜冰鞋。可学滑冰并不是件容易的事，摔几次之后我就失去了兴趣。眼看伙伴们都学会了，我却因为怕摔，死也不肯再穿上溜冰鞋。面对困难，我喜欢绕着走，而不想迎上去战胜它。后来，我是被爸爸吓唬着穿上了溜冰鞋，硬是一步一摔地学会了。回想此事，我觉得那应该算是性格上的一次突破，那时的心理历程让我经历了从对一件事恐惧到被逼不得不做的绝望，再到经历了、战胜了之后的欣喜和成就感，这种让我畏惧的事之后还会有很多，而那次经历给了我最早的范本，从那以后我也明白，很多事我都做得到，只是胆量不够，可最坏只是摔跤，又有什么可怕的呢？

柔弱的、没有活力的、颓废的孩子，对家庭来说，是一种折磨，但同时又是不良的家庭教育的结果。在生活中，我们经常看到百分之百地依赖于父母亲的孩子，有人把他们形容成温室里的花朵、笼子里的金丝雀，在父母庇护之下，他们生活得无忧无虑，然而，一旦独立生活，就束手无措，处处受挫。父母亲如何培养一个充满阳光的少年呢？

鼓励孩子向梦想进军

“海阔凭鱼跃，天高任鸟飞”，你的孩子能够走多远，你无法预料，而作为父母亲最需要做的，不是为孩子的成长设限，而是为孩子的成长加油，鼓励孩子成为大人物。

大人物何以为“大”？首先就是有大胸怀，即心胸宽广。小市民每天所想的是柴米油盐，每天计算的是如何多赚点小便宜，伟大领袖所思考的是苍生社稷，其生存状态是超越小我的，所谓“先天下之忧而忧，后天下之乐而乐”就是这种境界。因为胸怀宽广，努力造福社会，所以，他们在社会中享有极高的荣誉。你是希望你的孩子立志做一个圆熟的小市民，斤斤计较于蝇头小利，还是希望他/她立志做一个大人物，成就骄人事业呢？希望你的选择是后者。

那么，如何鼓励孩子的野心，培植“大我”情怀呢？

借助榜样的力量

榜样的力量是无穷的。从小要经常给孩子讲英雄人物的故事。不管是历史人物还是神话中的主角，不管是政治家还是科学家，都能极大地激发孩子的想象力，促使孩子从生活的小圈子里跳出来，放眼广阔的世界，让他逐步理解什么是伟大。故事讲完之后，可以和孩子进行关于梦想的对话，鼓励孩子表达梦想，让他意识到，自己也可以像那些榜样一样放射夺目光芒。

鼓励孩子做一个伟大的人

伟大的人往往是会无私地帮助别人的人，现在社会似乎在把人压平，很多父母亲所想的也是孩子要学会保护自己。这种想法，会教出一个懂得自我保护的小市民，但不会造就一个足以让你引以为豪的人物。父母亲要关心外面的世界，不仅关心自己的钱袋，还可以带领着孩子做一些捐助、义工之类的事情。一个人只想着怎么样不吃亏，是不可能成就大事的。

有一个故事引人深思：两个人即将投胎，上帝给他们两个选择：一个人将成为一个“别人都把值钱的东西给他”的人，另一个人将成为一个“每天把值钱的东西给别人”的人。第一个人毫不犹豫地选择了第一种，于是，他成了乞丐，天天守在街边，等着别人的施舍；另一个人选择了第二种，于是，他成了富翁，到处扶贫济困，赢得众人的拥戴。

善用励志故事

在孩子的梦想受到打击时，父母亲要给以鼓励，让孩子坚持并且调整梦想。风雨之后才能见到彩虹，远大理想总要经过无数次的拼搏才能实现的，父母亲要经常给孩子讲这方面的励志故事。

当孩子遭受挫折时，当孩子身患疾病时，孩子的意志力往往变得薄弱，尤其需要得到父母亲、老师和朋友的关心、鼓励。关于这一点，我们每个人都有切身的体会。毛泽东有这样一个小故事：

1958年初，李讷（毛泽东的女儿）因患急性盲肠炎和取出小时候打针时断在肉里的针头，动了手术，但术后感染发烧。毛泽东忙于工作同时还关心女儿的身体，2月3日他通宵未眠，4日中午十二时，吃了安眠药准备睡觉，想起了女儿，于是提笔写了一封信，说：

害病严重时，心旌摇摇，悲观袭来，信心动荡，这是意志不坚决，我也常常如此。病情好转，心情也好转，世界观又改观了，豁然开朗。意志可以克服病情。一定要锻炼意志。

李讷接到父亲的信，心中高兴，精神抖擞，很快战胜了疾病。

这个小故事告诉我们，即使是毛泽东这样的伟人，也会因为疾病缠身而悲观，所以，理想动摇、消极悲观时不必难为情，但要学会勇敢地面对各种磨难，这样才能不断地进取。有些孩子遇到一点点挫折就退缩、放弃，这是很不可取的。

对孩子要保持较高期望

有些朋友觉得，期望孩子优秀、出人头地、成龙成凤，对孩子来说，是一种折磨，因而，有意无意地对孩子表现出“我们对你没有什么要求，只要你健康、快乐就好了”的想法。这种想法看似给孩子提供了宽松的成长空间，实则是对成长的放任。

每个孩子都是有自我意识的，都希望自己得到父母亲、全社会的肯定和鼓励，这种肯定和鼓励就是孩子成长的方向。当你经常夸奖孩子“勤奋”、“聪明”、“有爱心”时，孩子会因为受鼓励而愿意在这一方面发展，他们的自我发展也就走向了良好的方向。而如果你给孩子传递的信息是“孩子，我们不指望你有什么优点，你成绩不好不要紧，没有组织领导能力不要紧，没有特长不要紧，只要你高兴就好了”，孩子会因为在学习、做人等方面没有正向的压力和引导力量而放松对自己的要求。然而，这个孩子仍然有旺盛的精力，有受重视的愿望，于是，他/她把大量精力用于大吹大擂、胡说八道、胡作非为、拿无聊当有趣的种种另类行为。在很多学校里，我们看到一些成绩不好的同学聚集在一起，以讲脏话、打群架、穿奇装异服为表现自我的方式，以此来争取老师和同学的注意，其原因就在于父母亲和老师对他们在学习、做人方面失去信心，没有期望，因而，自己也自暴自弃了。

“只要孩子健康、快乐就好”，这种育儿经，在很大程度上受到一首歌的影响，这首歌就是传唱很广的《常回家看看》，歌中写道：“老人不图儿女为家做多大贡献，一辈子不容易就图个团团圆圆；老人不图儿女为家做多大贡献，一辈子总操心只图个平平安安。”这两句话很感人，也很正确，但年轻的父母亲如果拿它来做育儿参照，就大错特错了。

这首歌是有独特背景的，其背景就是空巢期家庭中老人的孤独。当父母亲步入老年之后，希望已经成家立业的儿女们能够常回家看看，而儿女们正处于“上有老、下有小、中间还有自己的烦恼”的时候，正处于事业不断上升的时候，正处于天天都很忙碌的时候，往往让老人期盼落空，所以，作者倡导“常回家看看”，给成年儿女们提个醒。被提醒的人，恰恰是已经成家立业的人，他们家庭美满（“领着孩子”、“陪同爱人”），事业发达（需要“找点空闲找点时间”），而家庭美满、事业发达，不正是父母亲对孩子应该持有的期望吗？

让孩子常回家看看，是有条件的。不管是为孩子的未来着想，还是为自己的幸福着想，父母亲都要期望孩子将来能够自食其力、组建美满的家庭、拥有事业，如果没有这样的期望，不积极引导孩子，你能保证你的孩子不成为“啃老族”吗？如果孩子到了三四十岁仍然一事无成，天天赖在家里，或者小家庭一吵架就吵到老人这里来，让你不得安宁，估计你就不会让孩子“常回家看看”了。

所以，太满足于孩子的现状是不值得提倡的，父母亲要对孩子保持一种较高的期望，期望他在学习、生活各方面做得更好。这个时候，我们需要给孩子讲一些伟大人物故事。年轻的父母亲可能觉得“为中华崛起而读书”太高尚，有点唱高调的味道，事实上，少年儿童有纯洁的理想是很美好的一件事。有些成功人士就因为特别崇拜课本里的英雄人物，所以也希望自己能够成为让祖国引以为荣的人物，正是这些朴素的想法成就了他们。

古人还有一句话：“求上得中，求中得下”，希望孩子成为伟人，结果，孩子长大后也只是一个平常人；如果在起点上就希望孩子平平凡凡，结果，你的孩子说不定成了坏人。这个道理可以提醒家长，大可不必担心你的孩子会成为不食人间烟火的伟人。当然，换句话说，父母亲是应该希望孩子成为伟人的，有人说的好："我自己不能成为伟人，但我可以成为伟人的父亲/母亲"。

孩子，你是最棒的

父母亲要让孩子知道你们因他而自豪。亲子连心，孩子和父母亲是最亲近的，孩子们也很愿意得到父母亲的夸奖，愿意用自己的勤奋来换得父母亲的笑脸。这是很好的教育资源。父母亲要善于肯定孩子的成功，将孩子的荣誉作为家庭的重要收获，让孩子看到自己所受到的重视，以此激发孩子争取更高的荣誉。当孩子意识到自己是父母亲的骄傲时，他会思考如何给父母亲和家庭争取更多的荣誉。

具体地指明孩子的优点，让孩子知道父母亲重视什么，对于孩子而言，其实也是提供了成长的方向，是必要的引导力量。不要笼统地说孩子是你的骄傲，而要让孩子知道他做对了什么："竞争这么激烈，你都能获奖，真是了不起！""有好吃的能够留给奶奶，你真是好样的！"日久天长，孩子就会在父母亲的夸奖中变得"懂事"。懂事是一个很模糊的词，最基本的懂事，就是懂得想父母所想，急父母所急，为父母争光，不让父母亲着急。我们可以看到这样的懂事的孩子：放学后准时回家，不能准时就提前打电话通知妈妈；和同学发生了矛盾，不告诉妈妈，免得妈妈着急；努力争取第一名，希望过年时爸妈开心；看到妈妈很辛苦，给妈妈端来洗脚水……如果你有这样的孩子，你一定要感恩，要肯定孩子，而不要批评孩子在端水时把水洒得到处都是。

当然，懂事的孩子不是天生的，而是父母亲培养出来的，一个足以让父母亲引以为豪的孩子更是精心培养的成果。当孩子只有两岁的时候，妈妈就可以这样教导孩子："爸爸在外面工作一天很辛苦，待会爸爸回来，你给爸爸唱支歌吧！"而当孩子真的唱了一支歌之后，爸爸要由衷地表示欣赏，并且夸张地表达感谢："听宝宝唱歌之后，浑身都是劲了！"慢慢的，孩子会为你的高兴、家庭的荣誉而努力。

十五、别拿别人的长处比自己孩子的短处

孩子和他们一样棒

在一部教育情景剧中，主人公有这样一句话："我不喜欢父母拿别人家的孩子来比自己，那样让我没自信，因为那样的话，别人总有强过自己的地方，容易强调别人的优点忽视自己的优点。我喜欢父母用鼓励的方式：'你可以做得跟某某一样好'这样说，就很好！"

主人公这句话，道出了很多孩子的心声；而主人公不喜欢的，恰恰是教育学所反对的。父母亲希望自己的孩子是十全十美的，希望他比所有人的孩子都强，确切来说，就是希望他的各个方面比其他孩子的各个方面都强。这样的父母亲不愿意接受一个平凡的孩子，而是希望孩子是超级出众和进取的：要么就是各方面已经超强，要么就是因为不超强所以具有超强的上进心。如果孩子不是这样的，父母亲就要努力诱发孩子的上进心："你看别人晓东……你看别人晓静……"父母亲说的再多，目的只有一个，就是调动孩子的进取意识。

调动孩子的进取意识

对于调动孩子的进取意识来说，屡屡揭出孩子的不足，并不是最佳的方面。屡屡指出不足，这个不足就会在孩子的自我评价中占据夸大的位置，以致孩子会慢慢以偏盖全，认为自己没有什么优点，只有这个那个不足，进而，孩子就越发没有上进心了："我是一个一无是处的孩子，我还有奋斗的理由吗？"另一方

面，屡次揭短，在打击孩子的自信心的同时，也在拉大亲子之间的距离。孩子因为不愿意听到关于自己的消极评价，而抗拒和父母亲待在一起，这在很多家庭里是普遍存在的。

表扬和鼓励孩子

表扬和鼓励孩子调动孩子的进取意识的有效方式。有事没事，多提出孩子的优点来夸奖一下，让孩子保持愉快的心情。如果你发现你的孩子没有什么优点，首先要检讨自己的错误，因为这说明你之前作为父母亲没有很好履行引导责任，现在要痛改前非，通过自己在教育方法上的改变努力培养孩子的聪明、能干、整洁、大方、麻利等。当孩子的数学考得很好而语文不太好时，非常兴奋地跟孩子讲：“你的数学成绩真棒！”强调几次之后，偶尔找机会但也郑重地说：“妈妈相信你能把你的语文学得和数学一样棒！”有时间的话，和孩子一起做一下语文作业，了解孩子的失误到底在哪里，协助孩子分析问题，帮助孩子前进。与其让孩子看清楚别人的长处，不如让他记清楚自己的优点。

父母亲的耐心也是孩子健康成长的重要保障。回想孩子学习走路和说话的时候，父母亲都是很有耐心的，静静地等待着孩子经过“三翻六坐八爬”最后学会走路，等待孩子从发出莫名其妙的语音到叫出“爸爸”、“妈妈”。然而，一些心急的父母亲会忘掉耐心，他们不重视孩子一天天的生长，而是把注意力用于孩子们之间的比较。

每个孩子的成长都是有内在节拍的，如果说孩子是花朵的话，他们可能是不同种类的花，各自有绽放的季节，没有必要强求所有的花都是牡丹，也不应该要求所有的孩子都是早慧的神童。

很多优秀学生不是从进入小学的第一天开始就成绩优秀的，有些学生是进入初中、高中之后，由于老师的一句鼓励、一个眼神、书上的一个故事、父母亲微微弯曲的背影而“开窍”，从此奋发图强，成功地实现了自己和家庭的理想。“开窍”这件事，非常地奇妙，比艺术家的“灵感”还要神奇得多，然而，既然有“开窍”这件事的存在，父母亲就要学会适当地随遇而安，不要太过着急。如果孩子还没有“开窍”，父母亲不要着急，而是要顺应孩子的自然节拍，善于观察，慢慢用力。“开窍”这件事情是急不得的，很多父母亲因为太着急而在亲子之间制造了难以调和的矛盾。关于“开窍”，有一个寓言，值得父母亲反思：

南海之帝为倏，北海之帝为忽，中央之帝为混沌。倏与忽时相遇于混沌之地，混沌待之甚善。倏与忽谋报混沌之德，曰：“人皆有七窍，以视听食息，此独无有，尝试凿之。”日凿一窍，七日而混沌死。（《庄子·应帝王》）

翻译成现代文，这个寓言的意思是：南海的帝王名叫倏，北海的帝王名叫忽，中央的帝王名叫浑沌。倏和忽经常在浑沌的住处相会，总是受到浑沌的热情款待。倏和忽商量如何报答浑沌的恩惠，说：“人人都有眼、耳、口、鼻七个洞孔，用以视、听、吃喝和呼吸。唯独这浑沌没有，我们试着帮他凿出这七个洞孔来吧。”就这样一天凿一个洞，七天中凿成了七个洞，而浑沌也死了。

攀比不是有效的药

父母亲如果急于求成，可能会破坏孩子内在的生命力，孩子会因此而一事无成。在生活中，攀比是让父母亲失去冷静和理智的重要源泉，父母亲要学会综合分析情况，善于进行心理调适，做到知足常乐，这样，就不会对孩子要求太高，拿外在的标准来批评孩子，以致破坏了孩子的自信心和内在节奏。

同时，父母亲也要积极地促进孩子开窍，但促进孩子开窍的窍门是因人而异的，不能太执着于一个思路。总体而言，父母亲要做孩子的榜样；要善于通过讲故事、引导孩子推理等来促进孩子明白事理；要给孩子提供适当的磨炼，让他在做事的过程中体悟；要引导孩子养成静静反思的习惯，促进孩子开窍。

每个人开窍的故事，真是千奇百怪，各有玄机。有位在大学里上课非常积极认真的同学是这样开窍的：一次上课时和同桌讲话，结果同桌没有被老师批评，自己却被老师痛斥了一顿。事后分析原因，发现老师是因为同桌成绩好所以给同桌留面子，而因为他成绩不够好所以不尊重他，从此以后，他发愤图强，要成为受到老师尊重的那一个。这大概就是一些老师、父母亲使用激将法的理由吧。

十六、培养勇敢的孩子

培养一个胆大的孩子

在动画片里，邪恶势力总是非常猖狂，给正义的少年们制造了诸多困境；但阳光少年笑对前方，勇敢地向邪恶势力开火，靠自己的法力、智慧来挽救地球和人类。我们要培养的阳光少年，首先要战胜恐惧，不畏艰险，遇事不后退、不依赖父母。

在孩子成长的每一步上，总有很多未知的领域，而孩子们在这些未知领域面前往往会手足无措，心存恐惧。然而，恐惧有时是因为孩子的无知，一旦尝试并且完成任务，孩子就会惊喜异常，而且，积累了成功经验之后，孩子在面对没有接触过的领域时，会更加自信，恐惧会大大减少。小学生、初中生的作文经常有一个题目是《我第一次……》，孩子们会因为第一次洗衣服、烧开水、骑自行车、炒菜、缝扣子而惊喜万分，这些经验的价值，成人是很难体会的。

很多父母亲因为不愿让孩子恐惧，也不想让自己担心，就剥夺了孩子体验惊喜的机会。他们甚至不想培养一个大胆的孩子，于是在生活中不断唤起孩子的恐惧，这是要不得的。孙云晓老师介绍了一次采访：

在一届中日夏令营结束后，我采访了一个中国的孩子。我问这个13岁的北京男孩为什么不干活，他说我们没有日本孩子那么能干。我说为什么呢？男孩子摸摸头，用两个字来回答我：“遗传。”“我爸爸妈妈为了我上个好学校，让我住在我姥姥家。姥姥是个退休教师，天天教育我爱劳动，但是我姥姥对我有‘三不准’，她说刀不准动、电不准动、火不准动。我长到13岁，连火柴都不会划。我连炊都不知道，哪里会野炊？不是我们不想干，是我们不会干，我们长这么大都没有人教，怎么会做呢？”

为什么“三不准”？肯定是为了安全。记得小时候，我们五六岁就帮人老眼花的奶奶穿针，七八岁的女孩就要一个人在家里做好饭，十岁的时候就拿着镰刀割麦子、到很深的水井去打水，也没有几个人就真的出了安全问题。当然，凡事注意点好，但不能为了保护孩子而让孩子成了缩手缩脚的懦夫。

重视孩子的第一次尝试

明智的父母应该重视孩子的“第一次”，指导好孩子的第一次。当孩子想自己打开电灯、电视、电脑时，父母亲应该耐心地进行演示，鼓励孩子大胆试一试，同时跟孩子约定安全用电的基本规则（如不得碰插座）。面对第一次尝试时的紧张、笨拙，父母亲要理解，并且不断地表扬孩子，让孩子借助你的提示而意识到自己还需要注意什么（如表扬孩子“这件小衣服洗得很干净了，真棒，接下来我们用清水来冲洗一下吧”）。

我们不仅要指导孩子开始日常生活中的“第一次”，还要培养他们在面对困难时不惊慌的能力。例如在火灾、地震等危险情况下应该怎么做，这些也要适当地告诉孩子们。2008年，上海两名女大学生面对寝室着火失去判断能力，本来可以破门而出，她们却惊慌失措地从六楼跳下，酿成悲剧，这种状况，值得反思。

有一个不会游泳的父亲回忆道：记得小时候，家门口有很多小水塘，孩子们在夏天很希望到水里去游泳，可是大人们因为怕危险而禁止我们，说什么水里有妖怪，每天回家时还要检查我们有没有下过水。结果，我和很多小伙伴们都很听话地不去学游泳，而且对水充满恐惧。事实上，如果大人们能够抽时间来指导孩子们学游泳，帮助孩子们划出可以安全游泳的区域，对我们的帮助会更大。

艺高人胆大

培养勇敢的孩子，我们还可以做什么？

幼儿的家长往往很喜欢胆小的孩子，因为这些孩子很听话，不让他/她动的绝对不会动。然而，胆小的孩子身上很难看到阳光的影子。如果你的孩子生来胆小，你需要采取一些方式来培养他/她的勇气和胆量。面对不想学滑冰的晓冬，父亲采用逼的方式，而晓冬也因为爸爸的坚持而得以挑战自我，获得成功。有些小孩在学习游泳的时候，教练也是采取“置之死地而后生”的方式，把带着救生圈的孩子扔到水里，刚开始孩子很惊慌，但慢慢地（或者几次之后），就能勇敢地开始游了。

讲故事是教育的重要方法。父母亲可以讲伟大人物战胜困难的故事，也可以讲自己战胜困难、品尝喜悦的故事。这些故事能够调动孩子“初生牛犊不怕虎”的勇气，让孩子明白一个道理：困难并不足以把人打倒，真正打倒自己的是内心的恐惧。

当然，讲故事要和实际生活相结合。当孩子有退缩意识时，父母亲要陪伴孩子，给孩子做示范，让孩子知道这件事并不是很难。父母亲还要指导孩子，教给孩子前进的方法，“艺高人胆大”，孩子越有办法，就越勇敢。

有的父母亲鼓励孩子从小不怕黑，让孩子睡在单独的房间里，他们是这样做的：

记得我还没有上幼儿园的时候，爸妈就让我睡一个单独的房间。那时的我还小，害怕黑夜，害怕孤单，每天晚上睡觉前，妈妈都会来到我的房间，照顾我自己脱衣爬上床睡觉，帮我掖好背角，安慰我妈妈就在附近，所以不要害怕。我的房间跟爸妈的房间相邻，为了让我感觉到他们就在我身边，不害怕，爸妈总是将我们的房门敞开着，这样我就能看到从他们房间里映射出来的灯光。看到灯光，就像爸爸妈妈在身边一样，我不再害怕。从那时起，我就一个人睡单独的房间，并渐渐习惯，等我长大以后，我开始懂得了父母的良苦用心，他们是希望从小就培养我的独立意识，但在我独立成长的过程中，我却能时刻感受到父母的关爱和鼓励。在同龄人中，尤其是在女孩子群体中，我比她们更大胆，更放得开，更能独立地做好一件事情。

在家庭中，应该确立对勇气的尊重。让孩子从小听英雄的故事，接受各种挑战，展示家庭成员不断战胜困难所取得的荣誉，这些做法能够让孩子形成勇敢、进取的性格。

十七、培养有爱心的孩子

人之初，性本善

关于爱，著名心理学家弗洛姆有一段很经典的说法："爱既不是一种飘落在人身上的较大力量，也不是一种强加在人身上的责任；它是人自己的力量，凭借着这种力量，人使自己和世界联系在一起，并使世界真正成为他的世界。"一个心中有爱、能够给予他人以关爱的人，才真正拥有这个世界。你的孩子有爱心吗？

"恻隐之心，人皆有之"，每个人生来都不愿意看到同胞受苦，都愿意尽己所能地帮助别人，这是"人之初、性本善"的重要证明。我们可以看到，哪怕是对自己的小玩具、家里的小乌龟，小孩子都是很有热情、很讲感情的，可是，他们为什么越来越冷漠？

父母有爱心，孩子不冷漠

问题不在孩子身上，而是在大人身上。孩子们的冷漠是跟着大人学的。在生活中，孩子看到成人对于一些美好的东西并不珍惜，成人社会并没有多少原则，本应得到表扬的没有表扬，本应受到批评的没有批评，于是，孩子就没有了严格的是非观念，对于应该同情的不同情，对于应该生气的不生气，对于应该感到羞耻的不脸红。在新鲜的刺激越来越多变的时代，在孩子们的心灵越来越麻木的时代，我们不得不珍惜孩子的爱心，培养孩子的爱心，因为爱心是孩子感受世界、实现价值的必要资源。

养小动物、种花，让孩子随着小生命的壮大而欣喜，随着小生命的不幸而悲痛，对于保护孩子的爱心，很有价值。一位妈妈带着孩子在自家小院里养了小鸡、小狗、大花猫等小动物，孩子很喜欢照顾这些小伙伴，其中发生了这样一个故事：

一天中午，我刚到家，儿子一看见我就“哇”地一声哭了起来，我吓得一下子搂过儿子。我先摸了摸他的头，再上上下下看了他的全身，并没有异常。我惊奇地问：“你哭什么？”儿子指了指院子里的那只大花猫，我顺着他指的方向望去，这才松了一口气。原来大花猫躺在那里一动不动，样子很悲惨。这时我有点不以为然地对儿子说：“一只猫还值得你这么伤心？看样子它吃了带毒的食物了，快死了，把它扔到外面的垃圾箱里吧。”儿子着急地说：“不行！不行！那太残忍了，救救它吧！妈妈，你救救它吧！”我不耐烦地说：“奄奄一息了，哪能救过来？”儿子摇着我的胳膊，着急地蹦跳着说：“不能让它死，你想想办法，要不，我抱它去医院。”儿子急不可待，看那样子还真能做出那傻事来。

此时，我想起了人食物中毒的急救经验，于是急忙帮儿子给大花猫灌了一些药，以使儿子精神得以解脱，我们这才能勉强吃中午饭。

等我们吃过饭，那只大花猫哆哆嗦嗦地站起来了。啊，真是神丹妙药！大花猫神话般地活过来了。儿子高兴地喊："快来看呀！大花猫活过来了，活过来了。"儿子好像在报告一个特大喜讯。

通过饲养小动物，儿子不但学会了许多有关动物的知识，而且也懂得了一些做人的道理。这些小动物，吸引了许多小朋友，他们分工合作，不断地为这些小动物采集食物，这个过程也增进了他们的友谊。

关心受伤的小动物，是小朋友的天性，很多小学生会自发地行动起来，照顾掉到地上来的小麻雀，给它包扎伤口、喂食，帮助它飞回蓝天。希望父母亲们能够放慢脚步，用你微笑的目光来鼓励孩子的善行吧。

具有博爱精神的父母，会培养出有爱心的孩子。小樱的父母亲属于乐善好施的类型，虽然家里比较穷，但每当在街上碰见乞丐，小樱的妈妈总会拿出一点钱行乞的人。一个邻居家的媳妇不关心婆婆，小樱的妈妈经常帮这位七十多岁的老奶奶拆洗被子。在父母亲的培养下，小樱很喜欢帮助需要帮助的人，成为一名社区志愿者，在求学、工作的过程中，结交了很多好朋友。

好人有好报

有的父母亲觉得没必要培养孩子的博爱品质，甚至觉得人的心地太好就会被人欺负，而且把这种想法传递给孩子，经常跟孩子讲一些"事不关己、高高挂起"之类的话，讲一些做好事被冤枉的故事。这是很不好的做法。这样的教导，让孩子更加自私自利，喜欢占小便宜，在交往中失去很多机会。其实，总体来说，好心有好报，善良的人会有更多的朋友，会在生活中收获更多的快乐；而斤斤计较的人，不愿意帮助别人的人，很难得到周围人的认可。一个中学生，成绩优秀，数次在全国竞赛中获奖，但在选举三好学生时，只获得了寥寥几票。老师去问同学们的想法，同学们说："她只管自己，别人有不懂的问题去问她，她一概不理睬。”这样的学生，可能会考上重点大学，但如果这种个性不改的话，她在工作中会成功吗？

一些励志故事里经常讲一些好人得好报的故事，提醒人们一个道理：多做好事，广积善缘，能抓住很多意想不到的机会。其中，一个酒店服务员的故事流传很广。

在一个风雨交加的夜晚，一对老夫妇匆忙走进一间旅馆，他们要求住宿一晚。旅馆的夜班服务员礼貌地说：“非常抱歉，今天的房间已经被早上开会的团体订满了。你们可以住我的房间，它虽然不是豪华的套间，但还是很干净，因为我值班，我可以在办公室休息，顺便处理有关账目的事情。”这位年轻人很诚恳地提出这个建议。

老夫妇大方地接受了他的建议，并对造成服务生的不便致歉。隔天，雨过天晴，老先生要前去结账时，柜台仍是昨晚的这位服务生，这位服务生依然亲切地说：“昨天您住的房间不是酒店的客房，所以我们不收您的钱，也希望您和夫人昨晚睡得安稳。”

老先生点头称赞：“你是每个旅馆老板梦寐以求的员工，或许改天我可以帮你盖栋旅馆。”服务生觉得有些受宠若惊，但是因为这个想法实在太夸张了，所以他只是把它当成一句笑话。

几年后，服务生仍在同一家旅馆工作。有一天，他收到一位先生寄来的挂号信，信中说了那个风雨夜晚发生的事，另外还附着一张邀请函和一张纽约来回的机票，邀请他到纽约一游。在抵达曼哈顿几天后，服务生在一个路口见到了当年的旅客，这个路口正矗立着一栋豪华的新大楼，老先生说：“这是我为你盖的旅馆，希望你来为我经营，记得吗？我曾经提出过这样的建议，告诉你吧，我是认真的。”

这位服务生惊讶莫名，他说话突然变得结结巴巴：“您是不是有什么条件？你为什么选择我呢？你到底是谁？”

“我叫威廉·阿斯特，我没有任何条件，我说过，你正是我梦寐以求的员工。”

这栋旅馆就是华尔道夫饭店，这家饭店在1931年启用，是纽约极致尊荣的地位象征，也是各国高层政要造访下榻的首选。当时接下这份工作的服务生就是乔治·波特，一位奠定华尔道夫地位的人。

这个故事以及类似的因果报应的故事可能是真实的，也可能是虚构的，但希望父母亲能够多多记起这些美好的故事，提醒自己和孩子多做好事，而不是对别人的苦难袖手旁观。

带着孩子做义工

在欧美社会，带着孩子做义工是一种时尚，我国的父母亲应该借鉴。街头的乞丐是真假难辨的，我觉得，不施舍给他们是无可厚非的。但父母亲要让孩子知道，自己的父母亲是有爱心的。节假日、双休日，可以带上孩子去福利院、便民服务站，去帮助那些需要帮助的人。牧师卡尔·威特经常去看望附近有困难的人，小卡尔也会一起去，有时会从自己很少的零用钱中拿出一些来，要父亲买礼物送给他们。小卡尔对此习以为常，并且在这样做时感到很快乐。

孩子很容易表现出恻隐之心，父母亲对此要及时表扬，鼓励孩子表达同情的做法。细心的父母亲可以陪孩子为捡到的小狗寻找主人，带孩子到邮局把省下的零用钱捐给灾区，这些小事，都能保持孩子对周围世界的敏感和热爱。

十八、培养孩子对家人的关心和理解

心中有父母

现在的独生子女家庭中，自我中心的孩子越来越多，在家庭生活中，他/她习惯于索取、获得、享受，而从来不对关心和爱护他/她的家人有所贡献、服务和付出。对这些孩子，要培养他们对父母和亲人的体贴和理解。

在溺爱型家庭里，孩子对于父母亲的辛苦、爷爷奶奶的年老体弱，没有体恤之心，反而不断地提出各种要求。有这样一个故事：有一回，孩子要求母亲买一件高级皮衣，母亲告诉孩子家里暂时没钱，以后再买。孩子满脸不高兴，头也不回地离家上学去了。听到孩子留下的重重的关门声，母亲觉得对不起孩子，因为这是她这个当母亲的，第一回没有马上满足孩子的要求。晚上下班回家的母亲受到了惩罚：无论母亲怎样叫门，屋里的儿子就是不开门，只听到里边传来宝贝儿子生硬而又带着无限委屈的声音："要是不买皮衣就别想进家门！"随后回家的父亲也说服不了儿子，气愤的夫妻也不让步，结果，这对可怜的夫妻只好在亲戚家过夜了。

亲手养大的孩子，为了争取一件皮衣，竟然没有想到父母亲辛苦一天之后还要站在风中，或者厚着脸皮去投奔亲戚的苦涩，这种情况，是不是一定不会发生在你的温馨如意的家庭中呢？你能确保吗？

让孩子心中有父母亲人，心中有他人吧，这样，你的孩子才不至于像小皇帝一样的无礼。心中有家人、有朋友是一种幸福，它意味着家人是自我的一部分，是自己的情感寄托。如果一个人没有亲人，也没有好朋友，生活是相当可悲的，而且，这样的人很容易走向绝望。我认为，生活在爱的世界里的孩子是幸福的，因此，父母从小要培养孩子爱自己的家人，也让孩子知道家人很爱自己。

让孩子为父母和他人服务

在以往的家庭中，父母亲总是太忙，于是，孩子们从小开始就要做力所能及的事。女孩很小开始给全家人做饭、洗衣服，男孩很小就跟父母亲一起种地。

现在的孩子呢？

在朋友家做客时，七岁的小皇帝在一旁自顾自地玩游戏，没有想过要帮助父母亲照顾客人，比如给客人倒茶或者端点水果。吃饭时间到了，孩子没有做什么协助父母亲的工作，父母亲也没有想过要让孩子帮助。有时，孩子无聊了，还要制造点事端，向父母亲索要点礼物。

我们认为这是一种不好的状态。

疼爱孩子是人之常情，但万万不要让孩子习惯于索取、接受，无止境地向父母亲提出要求；要慢慢让孩子习惯于给予、奉献，体会到服务他人所能带来的快乐。

在讲故事的时候，母亲可以跟孩子讲述一下父亲在外工作的艰辛与劳累，启发孩子想办法表达对父亲的关心，比如给父亲洗一个水果，倒一杯凉开水。当然，母亲和父亲的角色反过来，也是同样适用的。

家里来客人之前，父母亲可以向孩子描述一下客人的好处，比如叔叔以前给你买了童话书等，鼓励孩子像个小主人一样招待客人。客人来了之后，要安排孩子做一些事，比如端水果、倒水等。当然，孩子也没有必要太拘束，提供一点礼节性的服务，就可以到一边玩去了。

有人会担心孩子做不好，比如端水会搞得到处都是水。如果反思一下，就会发现这种想法很不恰当：你这么瞧不起孩子？不相信孩子的能力？另一方面，哪个人是第一次就能做得很好的？做得不好，没关系，鼓励孩子再试一次，这种简单的事情，练一两次就好了。而当你的孩子具备了这方面的能力之后，他就会得到周围人更多的表扬，当他走入幼儿园、小学的时候，会自然而然地因为有更强的活动能力而成为同学中的领袖，进而强者恒强，这是多么自然而又难得的机遇啊！

不要让孩子总是做被服务的对象

不要让孩子总是做被服务的对象，要让孩子学着动手。孩子生来是有学习的愿望、动手的兴趣的，也希望通过为家人服务而证明自己的价值。千万不要因为你照顾孩子的好心而束缚了孩子，让他/她失去了活力。

以下的做法是值得尝试并且坚持的：

父母亲要带着孩子“常回家看看”

爷爷奶奶都已经到了体弱多病的年纪，父母亲要有孝心，经常给老人打电话，送礼物，帮老人做事，很重要的是，在做这些事的时候，要把孩子带在身边，让孩子看到人是需要相互关心的，每个人都要关心自己的亲人，想亲人所想，急亲人所急。

创造机会让孩子表达关心

送给爷爷一幅自己画的鲜花，给奶奶捶捶背，给下班回家的爸爸端杯水，都是孩子向家人表达爱心的机会。此时，爷爷、奶奶、爸爸、妈妈给孩子一个热情的拥抱和一张夸张的笑脸，让孩子感受到你的感谢和欣赏，孩子就会乐于提供这种举手之劳的服务。

鼓励孩子用不花钱的方式来服务家人

有的孩子选择在妈妈生日时给妈妈买礼物，但钱却是父母给的，这种礼物的价值就大打折扣了。美国的孩子动手能力很强，家长、老师鼓励孩子们用极其廉价的颜料、木块等来制作礼物表达他们对亲朋的祝福。为了让孩子们表达爱心，可以给他们提供大量原料，让他们自己做东西，如贺卡。相比之下，自己动手做出来的东西更能表达诚挚的感情。家里的节日礼物、生日礼物，应该提倡自制、有特殊意义。在妈妈过生日的时候，你会动员孩子准备什么礼物？爸爸和孩子商量一下，一起把家里收拾干净，给妈妈做她最爱吃的菜，这不是一种很好的方式吗？

十九、钱要省着点花

钱要花在刀刃上

“以前想吃好吃的也买不起，没有什么玩具，没有什么新衣服，现在有钱了，可不能让孩子吃这些苦，可不能克扣孩子”，这是很多爸爸妈妈、爷爷奶奶的真实想法，概括而言，就是“再苦不能苦孩子，富了更不能苦孩子”。心意是好的，但好心可能办坏事，我提醒各位，对孩子要加强金钱方面的教育和引导，在涉及钱的问题上，首先考虑怎样做对孩子的成长最有价值，而不是怎样做能让孩子不哭闹。

不宽裕的经济条件促使父母亲确立花钱的原则，把钱花在刀刃上，也让孩子慢慢学会珍惜。富裕之后怎么办呢？现在，你们家在花钱方面有相应的原则吗？

小时候，我们很少看到父母亲花钱，尤其是花钱在自己身上。小孩子穿新衣服的机会比较多，但是父母亲对自己却是能省就省，这样的父母亲，怎么会不受孩子尊重，不让孩子感动？估计父母亲有这样一条朴素的原则：钱要花在孩子身上，要用来促进孩子学习。正因为这样，孩子很懂事，知道要努力，要有出息，长大成人之后，多赚钱，让自己和父母亲都过上幸福的生活。

现在，我们做了父母亲，手里的钱多了，孩子会看到怎样的父母亲呢？他会看到爸爸在酒桌、牌桌上一掷千金但却“吝啬”地不给“我”买五块钱的玩具，看到妈妈在周末疯狂购物但是跟她要一点零花钱都那么困难。通常情况下，如果父母亲在为自己花钱时没有原则，丢了分寸，在面对孩子时，也就很难坚持原则。

很多年轻的父母亲生活得很潇洒，他们不愿在用钱上克扣自己，也不愿委屈孩子，他们的信条是“能赚会花”，赚来了钱就要好好地花掉；“消费是赚钱的动力”，多用钱，才能逼着自己多赚钱。生活在这样的家庭里，孩子过得很爽，每天都像过年，因为只要他/她提出要求，爸爸妈妈就会买回一大堆的玩具、衣服、零食。

现在，谁要是说“有钱了，也要省着点花”这样的话，估计会被年轻人笑死；如果这是哪个外人对他们提出的劝告，他们更会嗤之以鼻，说别人是“多管闲事”。然而，我要郑重地提出这个意见，不是为了省钱，而是为了孩子能够更好地成长。

回想一下你的童年吧。那时候，也有一些家长对孩子很大方，给孩子很多零用钱，经常买衣服和玩具，他们的孩子，被我们羡慕得要死。结果，二十年后，真的是“三十年河东、三十年河西”，这些家庭里长大的孩子基本没有什么作为，有的到现在还是啃老族，十几岁的时候，父母亲会给他们买李宁、耐克这样的名牌，现在二三十岁了，还只能靠老人养，就穿不上什么名牌了。而我们呢？以前穿不起名牌（那时候连想都没想过），现在自己可以买得起了，还能养家。你的周围是不是也有这样的对比呢？这些对比是不是可以提醒你一个道理：自古贫门出虎子，纨绔子弟难成材？

对孩子用钱太大方对孩子的成长是有害的：孩子习惯于坐享其成，缺乏拼搏意识，对未来失去理想；孩子习惯于向父母亲提要求，习惯于获得，而不懂得要为父母亲服务、要给社会提供服务才能有回报的道理。

贫门出虎子

在节俭用钱这件事情上，一些富豪的例子值得学习：

李嘉诚是全球知名的大富豪，但他从来不娇惯自己的儿子，而是让孩子们经风雨，见世面，在磨炼中成长。

当李泽钜和李泽楷八九岁时，李嘉诚就专设小椅子，让他们列席公司的董事会，听董事们讨论公司发展大计。为了培养孩子们独立生活的能力和掌握现代科技，李嘉诚将两个儿子都送到了美国留学，这种经历让两个儿子得到了很好的锻炼。

在美国留学时，次子李泽楷的零用钱，都是在课余通过做杂工、侍应生挣来的。每逢星期日，他都到高尔夫球场去做球童打工，背着大皮袋跑来跑去，通过自己的劳动，领取一份收入。李泽楷打工所得，除了日常零花外，还资助生活困难的同学。李嘉诚知道后十分高兴，他对妻子说："孩子这样发展下去，将来准有出息。"

舍得让孩子吃苦，是高明的父母亲的共识。在美国等发达国家，中学生、大学生利用课余时间打工赚零用钱是普遍现象，很多富翁宁可把钱大量捐献给慈善事业，也不留给自己的孩子，就是希望儿孙能够自力自强，不要依赖父母亲。按照清朝诗人郑板桥的话来说，就是："流自己的汗，吃自己的饭，靠天靠地靠祖宗，不算是好汉。"

家居用钱的基本规章

我们建议各位尝试提出家居用钱的基本规章，以方便对孩子的引导。在此，我们提出一个简要的方案，供您参考。

1. 父母亲的收入状况不必向孩子明说，即使家里很有钱，也不要让孩子形成"家里很有钱，随便怎么花都可以。"的印象。

2. 因为父母亲要不断地制止孩子的不必要花费要求，所以，财务状况要适当模糊，可以让孩子形成一种家庭经济状况良好但余钱不多的印象，有助于平时的制止工作。

3. 父母亲要避免在孩子面前谈论经济状况。如果经济状况不好，谈论会带来孩子的危机感；如果经济状况好，谈论会带来孩子的虚荣心，刺激孩子的消费需求。

4. 父母亲不要为了经济状况而争吵，争吵会带来极大的不安全感。而且，如果为一点小钱而斤斤计较，会让孩子觉得父母亲很琐碎。

5．在适当的情况下，如果孩子有过度消费的倾向，可以考虑让孩子来管家一段时间，让他具备管家的能力，并且理解父母亲持家的原则。

6．家庭支出要慎重，父母亲对自己的消费要进行合理规划，减少不必要的开支。

7．家庭会议上，成员要介绍自己的重大消费，会议对消费的合理性进行讨论。年终，可以讨论出家庭的几大不当消费及超值消费，总结原因。

8．儿童的支出，主要在家庭会议上进行审订，平时不满足孩子的零星购物要求。父母亲对自己的支出也要控制，减少零星购物。

9．可以动员孩子进行有偿的家务劳动，比如让孩子清理家里的可回收物品，卖得的钱归孩子零用。

10．家庭会议可以以花费为主题进行讨论，引导孩子树立良好的消费观，掌握省钱、理财的办法。

11．条件允许的情况下，带孩子去父母亲的上班地点，了解父亲母亲工作的辛苦。如果工作实在很轻松，让孩子看最忙碌的一天吧。

12．父母亲要努力增加收入，要让孩子看到父母亲为了家庭的温馨生活而不断地努力。

13．节日、家人生日时，鼓励孩子以较少的钱表达真诚的祝福。

14．为孩子的教育而进行的投资，要争取物尽其用。如玩具要珍惜，旅游要引导孩子展开系列学习，买来的小动物也要细心照顾。

15．家庭中的必要支出要清晰。周末要有家庭集体外出的安排。祖父母生日要有相应的庆祝。家居饰品应该随着不同季节、节日的需要而有所变化。

二十、不要用钱来贿赂孩子

钱与爱不成正比

有人说："我在孩子身上花的钱越多，孩子就会越爱我。"如果你是这样想的，你需要反思一下：孩子对你的表现，真的是因为爱你吗？可能他/她更爱你的钱和礼物。如果你总是期望用钱来收买孩子的爱，那么，你的家庭生活就是混乱的，你的孩子不可能有出息。

一个满足孩子所有的愿望，给孩子很多零花钱的爸爸，和一个很少给孩子买礼物的爸爸相比，哪一个更能得到孩子的爱呢？

旅美学者薛涌讲了自己女儿的故事：

我们与她最大的一次冲突，是为给她过5岁生日的事情。她半年前就开始自己张罗，并拿着一个广告挑了自己喜欢的一个小公主玩具作礼物。我们答应给她买一个，她心满意足了。可是，孩子到底挡不住精心设计的广告的诱惑，越看越喜欢，最后说所有的都要买，不行就哭。最后我们都火了。我开始训斥她："爸爸妈妈这样喜欢你，每天你睡了，爸爸妈妈还要工作到很晚，就是为了有钱送你去好学校，给你买吃的穿的，你要这么多东西，我们哪里有这么多钱？你要让爸爸妈妈晚上不睡觉给你挣钱吗？你喜欢去有钱的人家吗？"她哭着连连摇头："不要，不要！"最后我们一步不让，还是只给她买一个。没有想到，第二天孩子简直变了一个人。妻子刚刚给她盛好饭，她突然冒出一句："妈妈，谢谢你照顾我。我爱你！"

……俗话说："子不嫌母丑，狗不嫌家贫。"穷不要紧，但若是自己为此嫌弃自己，则人不如狗。孩子也会跟着学。我在美国住了9年，基本是在纽黑文过的。耶鲁的中国孩子见多了，他们许多人的父母至今还在缝衣服、在餐馆打工。他们从不回避这一事实，而是为自己的父母自豪，对父母充满了感激和尊重。其实，美国是个崇拜白手起家的社会，最大的英雄是那些从穷困中成功的人。

在节俭的家庭中，孩子更懂得感恩，体贴父母，愿意为家庭服务。而那些无限制地给孩子掏钱的父母亲，却被孩子看成了银行、保险箱，孩子每天绞尽脑汁思考的问题就是如何哄骗父母亲掏钱，各种谎言、要挟、讨价还价将天天在家里上演。相比之下，你更喜欢做孩子的朋友，还是做孩子的银行呢？

要求孩子做到的，父母亲首先要做到，父母亲自己要节省开支，该花则花，不该花就不要花，至少要少花。与其让孩子看到父母亲一掷千金的豪奢，不如不让孩子知道父母亲有钱；与其给孩子无限制地买玩具，不如限制花在孩子身上的钱的数量，让孩子学会精打细算。有了钱的父母亲要学会在孩子面前表演，让孩子学会珍惜，懂得感恩，觉得父母在家里紧巴巴的财政中挤出一些钱来给自己买玩具，是很难得的。

让孩子远离金钱的诱惑

1. 父母轻易不要在孩子面前花钱，也不要在孩子面前提到钱

如果你确实很有钱，请记住一句古训“俭以养德”。节俭才能保持良好品德和形象，这句话确实很有道理，看一下周围的人们，“男人有钱就变坏”，不是一个例子吗？一旦忘掉了节俭，首先走向浪费，其后产生攀比、骄傲、纵欲、违法乱纪、关系混乱、夫妻反目等，人必然是变坏了，家庭也没有了宁日，这样的生活，对孩子的成长来说，绝对是有害的。孩子在奢侈、傲慢的家庭中长大，自然会目无尊长、目无法纪，会闯下各种各样的乱子。本书写作过程中，杭州富家子在马路上飙车撞死无辜路人的事情引起各界关注。这件事是意外，但发生在富家子身上，实在是必然：家境富裕、奢侈，父母亲为了证明自己有能力而不断为孩子摆平各方面力量，孩子必然习惯于撒野。从这件事情上，父母亲要吸取教训，学会低调，不要觉得自己很有钱、很了不起。

2. 不要让你的孩子过多地接触你的下属、员工或者有求于你的人

很多人会给领导、老板的孩子塞压岁钱、送生日礼物，而当这些孩子有什么要求（比如买一件新玩具或者要一点零钱）的时候，他们会毫不犹豫地满足他。孩子被这些人高高地捧起，恶作剧会说成“聪明”，撒泼会说成“有趣”，你可能也觉得这时候很有面子、很放心，其实这时候你最需要警惕。尽管从短期来看，你有一些收获，但从长远来看，一些不良的品质正在孩子身上慢慢生长，一旦扎根，很难清除。

3. 少交才大气粗的朋友

在家庭的外交方面，建议你多结交一些经济条件一般但有骨气、正直、诚实的朋友，少结交一些财大气粗、不可一世的人，因为那些有点钱就尾巴翘上天的人，往往在说话、做事方面有很多的坏习气，跟这些人在一起，你不可避免地要摆阔气、讲排场、虚度光阴。孩子在这样的叔叔阿姨影响下，自然会有很多的欲望（而且这些人的孩子们也是一样的），你想管好都难。

4. 多交有学识的“穷哥们”

父母亲自己要多交点“穷哥们”，也要鼓励孩子多跟那些身处逆境但积极进取的同龄人交往。在这些孩子身上，有着富家子弟中很少见的骨气、正气和淳朴的情感，学习刻苦，团结同学，识大体、顾大局，绝对是首选的良好伙伴。一位大二同学来自特区，但生活低调，骑着二手自行车，穿着普通的衣服，每月都把爸妈给的生活费存下几百元，和班上品学兼优的几个“穷哥们”玩得很好，并且引以为豪。当你的孩子也能这样想时，离成功就不会远了。

二十一、管教好调皮的孩子

管教孩子要方法

父母是人生的第一任教师，但父母亲往往没有学会教育孩子的方法。有些父母亲对孩子的管教、引导方式太过简单，太过传统，有必要更新。很多家长忧心忡忡地说：“孩子越大越不听话，叫他往东，他偏往西。我们打也打了，骂了骂了，实在不知道该怎么管了。”

他们的苦恼我们理解，然而，打、骂是教育吗？是引导孩子的正确方法吗？

父母亲教导孩子的第一种办法，有时也是唯一的办法，就是说教。孩子不明白道理，父母亲就开始说，反复说，天天说，希望孩子能够听话。然而，有没有想到过其他的办法，比如父母亲以身作则，让孩子有实际犯错然后改正的经验，给孩子提供一个井井有条、文雅高尚的家庭环境？

凡事只靠说的父母亲很容易被孩子讨厌，而且，他们说出来的话，也不会被重视。试想，如果父母亲的责任就是把道理告诉孩子，孩子自然就会照办，那么，父母亲也太好做了；如果父母亲的责任是反复地把道理告诉孩子，随时提醒孩子，那么，一个录音机就可以代替所有的父母亲，而且，录音机还不会发脾气。

不可取的管教方式

当反复提醒、说教不管用之后，父母亲还会采用一些更不足取的方式。专家指出，不应该采用的教导方式有这样一些：

1. 体罚（打和骂）

体罚会导致孩子害怕父母亲，但在离开父母亲视线之后，或者发现父母亲不会每次都体罚之后，孩子学会察颜观色。

2. 纵容

孩子错了就要主动处理，假装看不到虽然可以避免现在的麻烦，但会让孩子的错误越犯越大。

3. 要求承诺

每次教训完孩子之后，都厉声问孩子：“下次还敢不敢了？”孩子肯定说不敢了。可是，这种承诺是被迫进行的，没有效果，经常这样，会导致孩子应付，虚假表态。

4. 收买

希望尽快结束战斗，希望暂时清静时，你可能用买玩具或者零食来收买孩子。可是，孩子的胃口会越来越大，而且，一旦收买，你对孩子花钱方面的限制就形同虚设。

5. 恐吓

在孩子不听话时，吓唬孩子，说“妈妈不要你了！”孩子第一次可能害怕，后来，发现大人不会真的离开，自然不会害怕，而父母亲在孩子心中的地位又下降了。

6. 爱的剥夺

常见于多子女家庭，因为某个孩子表现不好，所以干脆不关心他/她，让孩子自生自灭。这是极不负责任的做法，会伤害孩子的自我概念，也为严重的家庭冲突留下祸根。

总之，不当的方式用得越多，孩子越逆反，你的家庭教育越失败。

交流不只谈学习

孩子之所以不听你的话，或者一见你开口就捂起耳朵，还和你说了些什么有关。在跟孩子说话的时候，你太像一个警察、总督，时刻要显示对孩子的监督、关心和管理，你这种咄咄逼人的架势，会让孩子反感。

你在说些什么？孩子放学回到家，你的第一句话是什么？

有这样几种情况：

“回来了？今天上课怎么样？老师讲的都听懂了吗？考试了没有？成绩出来了没有？”

“怎么这么晚才回来？又到哪里玩去了？快点写作业去！”

“你回来了？过来吃点水果吧！今天过得很开心吧？告诉妈妈有什么新闻！”

前面两句话，孩子肯定不爱听，后面那一句，孩子肯定爱听。原因在哪里？孩子在学校呆了一天或者几天，老师天天讲的就是学习、考试、分数，孩子的神经已经很紧张，对这几个词已经很反感了。从学校回到家，对孩子来说，第一个重要的期待就是暂时让大脑休息一下，哪怕只是一会功夫，也能从疲惫和焦虑中调整过来。如果父母亲进门第一句话就是学习、考试、分数，孩子哪里来的调整时间？烦躁不可避免。第三句话则给了孩子喘息的机会，让孩子平静下来，平等地和父母亲谈谈一天的生活，父母亲的提问还促使孩子从平凡而枯燥的生活中寻找亮点，有助于让孩子保持高昂的精神状态。当孩子休息十几分钟之后，父母亲再督促孩子“完成作业我们就开饭”，因为说话时亲子关系融洽，孩子自然乐意。

我们对孩子讨厌父母亲说话的情况进行分析，发现95%以上的都跟学习有关，最主要的冲突集中在看电视、接同学电话、和同学出去玩方面。妈妈们经常说：“电视，电视，电视！天天看电视，成绩怎么上得去？”“你为什么不能把看电视的热情转一半到学习上去呢？你看人家晓梅，很少看电视，成绩那么好，再看看你！”“又出去玩？你怎么就是不学好？”……

父母亲三句话不离本行，让孩子感觉自己成为父母亲眼里的学习机器，孩子心情自然不好。而且，孩子会觉得父母亲不理解自己，有事也不愿意跟父母亲交流、请教，亲子之间的话越来越少，家庭气氛极其沉闷。而孩子因为得不到父母亲的建议，只能向同学、网友寻求信息、建议，容易误入歧途（大量青少年的性知识不是从父母亲那里得到的系统指导，而是从小说、网络、同学那里得到的杂七杂八的信息，这种状况与亲子之间交流太少有很大的关系）。

能不能稍微丰富一下你们的话题呢？多一些跟孩子的平等交流，主动向孩子汇报一下你一天的行程和收获，培养一些和孩子相同的爱好（如打球、画画），增加一些共处的时间和共同的话题，孩子可能会更加喜欢你。

父母多说孩子的好

儿子才四个月大，他生气不想喝水的时候，怎么灌他都不喝，我开玩笑地说他是一头“小犟牛”（因为儿子属牛）。我妈听了之后，赶紧提醒我：“等他长大了，跟他说话，你不能说他不好，要多说他好，这样他会才高兴，才听你的。”一句话，让我不由对她刮目相看。看来，没有读过书的妈妈在教育孩子方面，确实有一套。

可是，很多父母亲在和孩子说话时，怎么方便怎么来，骂得越厉害越过瘾，不管好听不好听，完全忘记了到底是为了过瘾还是为了教育孩子。

这样几种情况你需要反思：

你是不是总是在批评孩子？批评孩子学习不努力，写作业不认真，考试马虎，放东西丢三落四，把房间里搞得像猪窝；批评孩子乱花钱，不学好（喜欢奇装异服）。

你是不是在拿别人的优点来比孩子的缺点？别人家的好儿子、乖女儿让你眼红，你恨铁不成钢，希望孩子处处以别人的孩子为榜样，处处向人家看齐。

你是不是在唠叨？本来就是批评，批评的在理孩子也只能听着，可是你一而再，再而三地反复讲，是一定要让孩子承认你的批评有道理呢，还是一定要让孩子记清楚自己就是比不上别人家的孩子好呢？

你是不是在卖弄自己的聪明？孩子做错了事情，吃了苦头，有些道理就明白了，比如阴天没带伞被淋回来了，他自己也知道错了，可是你偏以为孩子不明白，一定要把道理给他说透，让他知道你比他强：“你看你不听老人言，吃亏在眼前吧？跟你说你就是不听，看你能耐的！”这时候，明明你有理，他就是要跟你顶嘴。

你是不是在把孩子当小孩子？孩子一天天长大之后，最讨厌的就是父母亲让他“听话”。孩子渴望自己安排生活，应对可能的麻烦，该走的弯路还是要让孩子适当走一下，父母亲可以谨慎地提出建议，但一定要让孩子知道“决定权在你自己手里，爸爸妈妈坚决支持你”。

学会倾听孩子

孩子慢慢长大，你就不能期望孩子总是听话，而要注意听孩子讲话，跟孩子沟通。沟通是亲子之间相互的交流，父母亲把自己的想法告诉孩子，孩子把自己的想法告诉父母亲，双方的想法不断碰撞，不断引出新鲜的话题，最后达成共识和相互的理解。从要求孩子听话，到学会相互倾听，这是很多家庭的必修课。

你的姿态要端正，不要高高在上，而要“蹲下身来听孩子说话”。孩子的一些想法很天真，甚至加入了想象的成分，你要理解这是成长过程中的必然现象，只要不是原则问题，你应该很认真地听孩子讲完也许你认为很幼稚的想法，还要大声地夸奖孩子的想法很不错。这不是做戏，而是用你的耐心和夸奖来促进孩子更好地思考和行动。

即使孩子的想法和你的想法有些分歧，你也不要贸然打断孩子的发言，而要巧妙地回应，促使孩子澄清思路。贸然打断，一方面你不能真正了解孩子要说的是什么，另一方面，孩子以后会拒绝与你沟通。

上面讲了那么多，是希望父母亲不要强求孩子听话，而要学会和孩子进行平等的沟通。有效的沟通，不仅能够促使孩子有让您满意的言行，而且能够让孩子有更加阳光的心态，让家庭有更加和谐的气氛。沟通不畅，让孩子在父母亲面前选择了闭嘴，关掉了父母亲了解孩子的窗户，使父母亲不得不依靠偷听孩子的电话、偷看孩子的日记等方式来了解孩子在想些什么，使孩子得不到父母亲的有价值的建议而只能靠自己的摸索来解决成长过程中的问题，无论对父母亲，还是对孩子来说，都是一种折磨。

父母学会亲子沟通

孩子成为调皮孩子，有他自身的原因，父母加强亲子沟通也能让他变为好孩子。

首先，注重日常沟通，建立沟通的习惯。亲子沟通应该是每天烧香而不是临时拜佛。在孩子成长的每一天，经常和孩子聊一下生活、学习、身体、情感方面的话题，让孩子了解你的生活，也让你知道孩子有哪些兴趣和好朋友，这样，你们的距离就拉近了。

其二，表达对孩子的鼓励和欣赏，保护孩子的自尊与自信。建立日常沟通之后，鼓励和欣赏孩子就很容易做到了，因为每天都在聊天，你会发现孩子不断在进步（学习方面或者待人接物方面，或者善于观察生活方面），这时，就可以很自然地夸奖他/她。父母亲要确保孩子从你这里听到的肯定性评价要远远多于否定性评价，这是孩子健康成长、亲子关系和谐的重要指标。

其三，平静地表达你的想法。不要动不动就说“你怎么这么不听话”，在沟通中，每个人最好多说自己，而不要说对方，要学会说“看到家里很乱，妈妈心里不舒服”而不是“看你把家里搞得这么乱”，学会说“我觉得一家人一起看书、学习，是一件很愉快的事情”而不是“你怎么那么不喜欢学习”。要在孩子没有犯错误、你感觉很舒服时表达你的满意、赞美和感谢，而不是只在孩子犯了错误、你感觉不爽时表达你的愤怒、指责和挖苦。

其四，真诚地倾听孩子。在孩子没有错误的时候要倾听，在孩子有错误之后也要倾听。尽管孩子的说法不够完善，逻辑不严密，但只有你耐心地听他讲了，他才能意识到自己原来想得不够周到。父母亲务必要放慢自己的脚步，抛开一切干扰，让孩子感受到你在倾听过程中的真诚。

其五，耐心地引导，支持孩子一点一点的前进。冰冻三尺，非一日之寒。不管是亲子关系的改善，还是孩子改正错误，都需要时间。不要指望孩子听了你一顿说教就一百八十度大转弯，而要耐心地、和气地跟孩子商量："你坚持写二十分钟的作业，然后我们一起玩十分钟，好不好？"如果一个坐不住的孩子能够坚持二十分钟，你就要大大地表扬他的坚持或者懂事，继而鼓励他在第二天多坚持五分钟，千万不要因为你的孩子没有达到邻家孩子的标准而继续批评。

其六，重视规章建设，让孩子习惯于遵守承诺。在平等沟通的基础上，父母亲要和孩子进行必要的约定，如写作业的时间如何确保，看电视的时间如何节制，零花钱怎么用，都要有一定的规矩。这些规矩最好写在纸上，双方签字，这样，当孩子要违反或者已经违反时，父母亲出示规章，让孩子自己解释，可以减少很多口舌，也可以避免亲子之间的冲突。

其七，保持一颗平常心。不管孩子有多少错误，有多么逆反，一定要把握一个基本点，就是"说好话"，多多指出孩子的优点。很多父母亲在心态上出了问题，孩子有一点错误，所有的优点都被忽略不计了。多谈优点，可以拉近亲子距离，可以保持孩子的自信，可以促进孩子的反省，让孩子体会到父母的宽容和艰辛。当你实在忍无可忍不愿谈孩子的优点时，暂时闭嘴，明天夸奖一下孩子之后再说别的。

二十二、离异父母管教孩子的方法

在我们今天的社会里，离异父母日渐增加。如果你刚离婚，生活对你和孩子都会变得莫名其妙地复杂。有些人在离婚后才认识到离婚后的生活比离婚前更令人伤感，总觉得一切都暗淡无光，一切都毫无希望。你可能会碰到你以前根本没预料到的问题，比如孩子的心理问题。但你得面对现实，重新开始追求一种新的更美好的幸福生活。如果你明白了离婚后你的生活为什么会改变、会有什么样的改变以及你该怎么办，你就会看到新生活的曙光，你就会发现孩子离婚并意味着孩子就一定会有心理问题，就一定不健康、不快乐。离异了的父亲或母亲抚养大的孩子也可以生活得很愉快很幸福，他们也能像正常家庭的孩子一样成人、成才，美国总统奥巴马就是一例。

离异父母应主动寻求专家的指导

刚离婚时，你和孩子对新的环境都有些不适应，孩子可能会出现一些你此前不曾想到的问题，会对单身父母的教育不适应，此时你迫切需要专家的指导与帮助。尽管普通的育儿常识在大多数情况先是有帮助的，但你在某些具体问题上还得请教专家。多买一些高水平的家庭教育类书籍，仔细阅读这些书籍能增强你的信心，能帮助你解决很多棘手的问题。你也可以多请你的亲朋好友帮助你，他们会给你更多有益的建议，在他们的帮助下，你会做得更好，孩子很快会适应这种新的家庭结构并接受你的教育方式。

特别提醒的是父母不要以为离婚对十几岁的大孩子无所谓。十几岁正是人生中的“多事之秋”的年龄。十几岁的孩子身体发育快，世界观正在形成，在许多方面需要有经验的父母予以指导和帮助。而许多离了婚的父亲或母亲干脆不管这些孩子，他们错误地认为孩子们业已长大，能独立自主，根本不需要父亲或母亲的指导和劝告。如果你的孩子有时流露出不愿意和你待在一起，你不要以为伤了你的感情或是他们不接受你。这只不过是因为他们正处在一个想独立自主的年龄阶段，其实他们的内心的确时常想念你，只不过他们不善于公开把这种感情表达出来罢了。十几岁的男孩爱观看体育比赛，父亲可以与他同去。十几岁的女孩则很喜欢爸爸带他出去上餐馆。另外，十几岁的孩子可能在选择学校和职业时需要有经验的父亲或母亲的指导。总之，尽管孩子们快长大了，他们仍需要父母，父母也需要他们。

不要在孩子面前说前夫或前妻的坏话

父母可以离婚，但孩子既需要爸爸也需要妈妈。离异父母不要在痛恨前夫（前妻）时（你可能会有这种时候），在孩子面前讲他爸爸或妈妈的坏话。那样做将是一个严重的错误。与亲生父母保持一种良好的关系对孩子的身心健康非常重要。他一生只有一个亲爸爸（妈妈），如果你在他们父（母）子之间制造敌对情绪，孩子就会失去安全感。让孩子在心目中对父亲（母亲）有一个美好的印象。你要鼓励孩子爱他的父亲（母亲），你要让孩子经常高高兴兴地去看他的爸爸（妈妈）。他会从父亲（母亲）那里学到一种稳定的、健康的、有价值的男性意识，或温柔的、贤惠的女性意识，只要你的孩子认为他的爸爸（妈妈）是“世界上最了不起的人”，你的离婚就不是一个彻底的败仗。

离异了的父母千万不要把孩子当你通讯工具，让他在你们之间传递相互仇视的信息。孩子从父亲（母亲）那里回来时，你千万不要盘问他，不要企图查明你的前夫（前妻）说了你的什么坏话。你的孩子不想卷入生他养他的父母之间的相互仇视、蓄意攻击中去。孩子一旦坠入这种陷阱，他就会心烦意乱，会出现考试不及格、逃学、离家出走甚至犯罪的现象。

不要抱怨前夫或前妻不与孩子来往

有些离了婚的父母会抱怨他们的前妻或前夫不与孩子来往，并且根本不履行法院判决的义务——不支付抚养费。父母会当着孩子的面骂他的爸爸或妈妈，父母千万别干这种蠢事。孩子听到自己的亲身母亲或父亲遭到这样的诋毁时暗中会感到无比难过，会感到自己无人爱了，自己被遗弃了，自己没有其他的孩子幸福。他会焦虑不安，怀疑自己是否继承了父亲或母亲的某些坏品质。

不要对孩子太娇惯

有些离异母亲觉得孩子与爸爸分开是父母的错，感到自己有责任以某种方式来补偿，觉得孩子比过去更需要爱。如果你刚离婚，生活明显地发生了变化。孩子的确需要你的爱，但同时也需要你对他的严格要求。你的自信心不足和强烈的内疚感很容易使你在某些方面特别娇惯孩子，你不要感情用事，应像在正常情况下一样严格管教孩子。孩子对父母离婚的确感到不高兴，他肯定思念他的父亲。但如果你对他放纵不管，他就不可能成才。你不是孩子的佣人，也不仅仅是为他活着，你自己也是人，有自己的需求，你应该想办法满足自己的正当需求。同理，单身父亲也不要觉得自己离婚后，孩子如同“没妈的孩子像根草”，不敢对孩子说不，事事满足孩子，纵容孩子，这样只会使你更有负疚感，孩子更胆大妄为。

让孩子分担家务

离异父母除了要上班，还要照顾孩子和家庭日常生活，其忙碌程度可想而知。你要教育孩子，让他懂得他有责任帮你做家务，如做饭、洗衣、擦窗户、拖地等。让孩子分担家务，既能培养他们的劳动能力，更能培养他们的责任意识。

告诉你的孩子你可能会再婚

离婚有时会是一种痛苦的经历，给自己和孩子带来心灵创伤。离婚之后，你和孩子会隐隐约约地感受到自己在某些方面失败了，父母和孩子甚至会感到也许是自己做了什么坏事才受到这样的惩罚。由于离婚，你不仅失去了妻子（丈夫），而且失去了家。在某种意义上说，你还失去了孩子，因为他们不再像从前那样总生活在你身边了。你需要克服这种悲伤的情绪，有可能的话，你应该去请心理医生帮助你从痛苦中解脱出来。同时，你也要尝试着去寻找自己新的另一半，你和你的孩子必须要建立一种新的生活。至于孩子是否喜欢您的男友（女友），他们的心情是矛盾的，他们一方面希望有一位新的妈妈（爸爸），另一方面又怕有一位新妈妈（爸爸），他们可能会忌妒任何可能成为他们新妈妈（爸爸）的人，很可能会对他们充满敌对情绪，这些你都不要过于在意，但你必须对次做好充分的思想准备，你要明确地告诉孩子，父母有再婚的权利，孩子不能管父母的私生活。同时，你也要告诉孩子，你这样做不只是为了自己，而是为了孩子能得到更多的爱。这样，他们更能理解父母、宽容父母，进而迎接新生活，接纳新父母。

第 三 篇

好规则，好习惯，好毅力，成就孩子好成绩

一、学习永远是生活中第一重要的事情

无论如何都不能耽误功课

一位来自农村的大学生回顾了对自己影响深刻的一件小事：

在母亲心里，学习永远是第一位的，无论发生什么事都不能耽误上课。有一天，我知道母亲要去参加一个喜宴，我特别想去，跟在后面走了好远。不管母亲怎么说，我都不肯回去，最后，母亲从路边抽出一根荆条把我撵了回来，因为我下午要上课，跟她一起去了就会耽误课程。从此以后，我再也不指望和母亲一起去走亲戚了，即便是12岁的生日，我也是在不耽误上课的前提下回家吃了顿午饭，就匆匆赶回学校了。从上学第一天到高中毕业，我只缺过半天课，请过一次假。是母亲的那根荆条鞭策着我进入了重点大学，推动着我去实现更高的目标，寻求更加美好的人生。

“无论如何都不能耽误功课”，这是朴素的农村妈妈关于儿女教育的基本原则。因为有了这个原则，所以家庭生活的各种安排都会以学习为重：不会因为打麻将而影响孩子做功课；不会在孩子看书的时候在旁边看电视；不会轻易让孩子到学校请假。你的家里有这样的规矩吗？

学习是孩子生活中最重要的事情

幼儿教育家蒙台梭利在深入研究幼儿活动之后发现，幼儿并不是以一种游戏的心态来看待自己正在从事的游戏，而是把游戏看作是自己的工作，因而，很认真、严肃、郑重其事地对待它。如果你细心观察孩子的活动，就会发现这一点。蒙台梭利指出，从小对自己正在从事的活动养成专心致志、郑重其事的习惯，会让孩子受益深远。

对于学龄期的孩子而言，他们有了人生中第一个很正式的

社会身份：学生。学生学生，以学习为生，他们应该学会把学习放在最重要的位置。这样做，有很多好处：孩子能够取得优良的学习成绩；孩子尊敬老师，重视老师的意见和指导；孩子把时间和精力用在学习上，不会胡乱惹是生非。而最重要的好处是对孩子的长远发展而言，他在上学时重视学习，将来在工作中也会重视工作，这样的孩子更能实现经济和生活上的自立，少让老人操心。如果孩子习惯于应付学习，将来做事也可能有始无终，虎头蛇尾，玩物丧志，无法自立。

另一方面，当前社会是一个科技发展日新月异的社会，也将走向学习型社会。在学习型社会里，每个人都应该树立和形成终身学习的意识和能力，否则，就会被信息爆炸、时代变迁所淘汰。分析知名企业家、商业精英的传记，我们都会看到，他们大都具有很强的学习意识，不断地学习和掌握新方法，发展新思路。儿童期是习惯的奠基期，孔子说过“少成若天性，习惯成自然”，如果孩子从小勤奋学习、善于学习、乐于学习，那么，他将来就会坚持从生活中学习，不断发展自己，前途就不可限量。

父母亲需要做些什么，让孩子认识到学习是生活中最重要的事情呢？我们想提出如下的建议：

在婴儿、幼儿阶段，父母亲每周确立一两个学习领域，带领孩子进行学习（可能的学习领域有：生活中的数字与数学；亲戚关系；太阳和植物的关系；小动物的成长；小植物的成长；生花结果的秘密；水的用处；水的状态等）。

父母亲要坚持每天给孩子讲故事，介绍生活中发生的事情，讲故事和生活常识、科学道理，扩展孩子的视野，让孩子产生学习兴趣。

父母亲在晚上临睡前要与孩子对话，引导孩子回顾一天的生活，引导孩子以感恩的心情回忆所有重要的有价值的内容，引导孩子以独特的方式来小结这一天，发展孩子的语言和思维能力。

每周六的家庭会议可以安排集体读书的环节，共同学习一篇文章或学做一个题目。

要增加孩子学习科学的机会，要购买可以动手操作的玩具，提供动植物养植机会，提供简单实验机会，安排到实验室参观的机会。

要以图片等方式来形象地展示一些孩子感兴趣的问题，以图片、表格等方式来呈现孩子的学习进步情况。

要用父母抄录孩子的口头作文等形式来呈现孩子在语言方面的进步，并张贴在显著位置。

客厅、餐厅等是显著位置应该设置展示台或展示板，用于张贴孩子的学习成果。

鼓励孩子将功课放在第一位

鼓励孩子将功课放在第一位，待孩子完成功课之后再安排其他活动。对孩子认真听讲、做好课前准备、独立认真完成作业的情况进行评分，鼓励孩子争取做得更好。

鼓励孩子每月小结自己的学习情况，向远方的亲人或笔友汇报。

可以开设亲子博客和微博，就孩子在学习方面的问题，以第三者口吻巧妙发表意见，在一定程度上避免正面交流的冲突。

对孩子的综合表现要进行相应的奖励，但不能常用物质奖励方式。要以节俭的方式进行。奖励要让孩子感觉到父母亲注意到他的进步，父母亲和他是朋友关系，父母亲为他而感到骄傲；而不应让孩子感觉到父母亲是在讨价还价的。

孩子这样能进取

有的孩子不想学习，在学校里就是混日子，面对这样的孩子，怎么办？

父母亲要看到，每个孩子生来都是有进取心的，孩子之所以变成现在这个样子，可能是因为最初的学习习惯没有做好，在学习上受到了很多的挫折和冷落。父母亲需要用耐心和爱心去唤醒孩子的进取心，让孩子慢慢树立对未来的信心。

父母亲要想办法培植孩子的理想。语重心长地与孩子谈心，和孩子交流关于生活、竞争、压力等话题，引导孩子思考自己的人生，这些都是常用的方式。在这些方式效果不佳的情况下，父母亲要尝试更加复杂一些的方法。

“亲子共读法”：选择精彩人生或者落魄人生的典型故事或案例，父母亲和孩子一起来阅读，读完之后就主人公的经历发表读后感。这时，因为话题不集中在孩子身上，交流气氛相对宽松，孩子可能会在讨论中领悟到一些人生哲理，慢慢端正态度，走向进取、自立的道路。

“名校游”：参观名校，是极省钱的一种旅行方式，也是帮助孩子树立理想的一种教育方式。名校是一个集合了各种优秀资源的复合体：这里有大师和最优秀的学子；有优美的校园环境和现代化的教学、生活设施；有一流的秩序和管理、服务；有紧张、活泼的校园生活；最重要的，孩子们可以从周围行色匆匆的大哥哥、大姐姐那里，看到自己的未来，慢慢树立自己的梦想。当你的孩子有了要加入名校的强烈愿望之后，他的学习自觉性会极大地增强。

一名学生就被自己的清华游深深打动了。他说：“11岁时父亲带我参观清华大学，我被其卓越不群的建筑风格和一流的设施深深吸引。看着步行在清华园中的阳光十足的学子们和一套套穿在身上的硕士博士服，我对清华园产生了深深的迷恋和向往，于是立志考入清华。虽然至今未能实现这个梦想，但此次清华游深深地激励地我，使我意识到了‘欲穷千里目，更上一层楼’的深刻含义。在此后的学习中，我怀着梦想，像阳光的清华学子一样积极地学习，中考考入华师一附中，高考考入华中科大并将在二年级结束后赴德留学机械专业。阳光的性格、积极的态度一定会影响我的一生。”

除了参观之外，还可以带着孩子融入名校。在参观之前，全家人分头了解一下这所学校的历史和现状，收集学校故事；来校参观时，如果能找到在学校就读或者工作的朋友、老乡或者青年志愿者，就可以请他们帮忙，让孩子能够更深入地体验名校，比如进图书馆、实验室等开眼界，到知名学者的课堂上听课。行走在名校的校园里，父母亲可以安排孩子去采访几个学生，问一下他们学习的窍门是什么，估计孩子会从中受益。同时，孩子主动去向陌生人询问，感受陌生人对他的热情，对他而言，是人际交往方面很好的锻炼。

“体验生活法”：孩子之所以不思进取，可能是因为家长把孩子照顾得太好，以致孩子把生活理解得太简单了。周末或者孩子放假的时候，条件允许的情况下，带孩子去你的上班地点，了解你工作的辛苦。如果这样不足以让孩子有真切的体会，可以鼓励孩子利用暑假到外面找份兼职工作，他极有可能在工作中体会到很多书本上学不到的东西。

一位大学生这样回顾自己的兼职：

在高考结束之后的那个暑假，我去百货大楼做了两个月的暑期工，卖一种名牌运动服。在兼职期间，我要接待顾客，处理与主管的关系以及与同事的关系，得到了很多锻炼。而最大的收获是体会到知识的价值。在柜台做销售是没有什么专业要求的，人人都可以做，因而，收入也很低，于是，我更坚定了发奋学习的决心。

从这些经历可以看出，很多孩子长期被家人照顾得太好，不知道生活的酸甜苦辣，不懂得进取和感恩，这很大程度上是父母亲一手造成的。在欧美社会，很多孩子在中学时代就开始找兼职工作，在超市、饭馆打工，或者帮别人修剪草坪、看孩子，在兼职的工作中，孩子们学会了承担责任，也慢慢地树立了自己的人生目标，坚定了前进的信念。在这一方面，中国家长要向欧美家长学习，要勇敢地把孩子赶出家门，让他们去体验生活，从而产生强烈的进取心。

二、孩子上学不得迟到

我要上学校，天天不迟到

公鸡喔喔叫，我们起得早，路上不贪玩，上学不迟到。

雨点沙沙下，风儿呼呼叫，背上小书包，坚持上学校。

“我要上学校，天天不迟到……”唱着这些《上学歌》，孩子每天像小鸟一样飞向学校，在那里接受教育并健康、快乐地成长。然而，无论在幼儿园、还是在中小学，每天总是能见到少数迟到的孩子。上学不迟到既是学校的校规，也是学生良好作息习惯和行为习惯的表现。从孩子上学的第一天起，家长应明确告诉孩子：上学不得迟到。

预防上学不迟到，应从幼儿园开始。读幼儿园的孩子上学迟到，有如下不良影响：

第一，不能定时定量就餐，直接影响幼儿身体健康。每天幼儿园都精心配制了食物，合理安排就餐时间，这样既保证幼儿有足够的营养，又能养成良好的饮食习惯。如果早上幼儿入园迟到，往往耽误的就是早餐，有的家长随便应付了事；有的家长在家虽然吃了早餐，可由于吃得较晚，每当吃中餐时，由于两餐相隔不长，肚子还不饿，就不愿吃了。而且晚起后，到了中午午睡时，幼儿又不能入睡，这样势必造成恶性循环。

第二，影响幼儿园的集体生活。家长带着孩子姗姗来迟，不仅打乱了教师正常的教育教学活动，而且还分散了幼儿的注意力。

第三，影响幼儿良好习惯的培养。幼儿园里的洗手、吃饭、做操、游戏、学习、睡觉各个环节都注重培养幼儿的良好习惯。而这种习惯的养成，是长期循序渐进，持之以恒的结果。如果幼儿经常迟到，会使幼儿认为幼儿园规定的一切可以随意不遵守而影响幼儿良好习惯的形成。

第四：影响幼儿的心理健康。其实幼儿每次迟到，孩子的心理是忐忑不安的，孩子也有自尊心，唯恐会受到老师的批评和小朋友们的冷落。所以往往孩子都会找各种理由和借口不愿上幼儿园了。

中小学生上学迟到是一种违规行为，势必影响孩子一整天的学习情绪。由于迟到，孩子错过了一些教学环节，进而影响孩子的学习进程和学习效果，给自己带来一些不必要的损失。

孩子上学迟到，可能有许多复杂的原因。如起床晚了、交通拥堵、路上贪玩、不爱上学、磨蹭、赶作业等。对于刚上学的孩子，早晨安顿他们好好上学有时可不是一件容易的事。真正为上学而激动不已的孩子是不多的。即使是一个正常的孩子，也会认为学校是一个失去自由、循规蹈矩、服从命令的地方。大多数孩子对上学都是既高兴又不高兴。

有些经常上学迟到的孩子(特别是幼儿园的孩子)好像在感情上特别依恋妈妈，到了上学时间仍舍不得离开妈妈。有些母亲无意识中也好像优点舍不得孩子离开他们，不愿意把孩子交给学校。母子间的难分难舍使得孩子总是迟到。但是为了孩子，你必须按时与孩子分开，让他按时上学。

按时上学是孩子自己的责任

很多孩子上学都要父母催促，他们认为保证他们按时上学是父母的责任，其实这是错误的。定出一套按时上学的规矩和作息时间，给孩子讲明白，不管发生什么事情，都必须按规矩办事。

你每天早晨为孩子担心、着急，提醒他“快点，要迟到了”，他得出结论：你做家长的必须负责他按时到校。他迟到了，你“奖赏”他，打的送他上学或用私家车送他上学。所以他从不感到按时上学是自己的责任。

彼此沟通思想是解决迟到问题的前提。明确地告诉孩子他必须为他自己的一切负责，包括按时起床、穿衣、刷牙、洗脸、吃早餐、赶汽车等等。你要坚持让孩子做自己的事，自己为自己负责，这才是对孩子的爱。

早睡才能早起

有些孩子上学迟到，是因为他睡眠时间不充足。睡眠时间不足又可能是过多的作业导致的。父母要为孩子规定好严格的作息时间并坚决执行。每天必须告诉孩子完成作业是他一天当中最紧要的事情，当天要完成的作业必须在当天睡觉前完成，到了睡觉时间必须上床睡觉。因为按时睡觉，才能按时起床；按时起床，才能按时上学。

设立闹钟，按时起床

如果孩子不会认钟，你要教他。给他买一台闹钟，把它放在尽量远离他的床铺的地方。有时候，闹钟响了，孩子从床上爬起来把闹钟关上。如果被你发现了，他会找个借口为自己辩护说他没听见闹钟响。孩子做出这种滑稽可笑的事是非常自然的。碰到这种情况，不要生气，不要恼怒。你可以心平气和地告诉孩子：如果他第二天迟到了，你就要打电话告诉学校他为什么迟到。还告诉他你有义务这样做。你冷静坚决的态度会使他明白你是当真的，他必然会乖乖地设定闹钟，第二天必能按时起床。

让孩子尝尝迟到的后果

如果孩子总是拖拖拉拉，要你催促他上学以保证不迟到，或在路上贪玩，你可以让他迟到，让他自己承担后果。如果感觉孩子要迟到了，你不要急于打的或开车直接把他送到学校。如果学校离家不太远，就让他自己跑去。如果学校离家很远，你可以送他一程，但务必让他迟到一点。他那么晚才到学校，在同学面前亮相，他一定会感到难堪。老师和同学们会提出很多令他难为情的问题。例如：“你今天起床晚了吧？”“早晨在家里赶作业了吧？”“你又在路上贪玩了吧？”“你妈妈怎么不开车送你呢？”等等。

孩子有自尊心，他最怕同学们嘲笑他。从此，他会下定决心按时到校，他再也不想回答那些带羞辱性的问题。毫无疑问，他也不想让老师从你这里了解他迟到的真正原因。

你要做好思想准备，刚开始孩子对你的所作所为肯定会发牢骚，或撅嘴板脸发脾气，甚至威胁你，干出一些令人讨厌的事来。千万不要让步，继续贯彻执行你制定的规矩。

奖励按时上学的孩子

值得强调的是帮助孩子纠正上学迟到现象要以正面教育为主。也就是你要想方设法让孩子自己按时到校并要因此表扬他，不要在孩子迟到时惩罚他。基于这个原则，你可以为孩子制定一个简单可行的奖励办法。起初阶段，如果他早晨按时起床并准时乘车（或步行）上学，你当场就奖励他一面小红旗。放学回来时，他可以用这面小红旗换取一件他爱玩的玩具或是一份他爱吃的饭菜。给他物质奖励的同时，务必要给他精神奖励：微笑、拥抱、真诚的赞许等等。慢慢地，你可以减少物质奖励，但你要坚持精神奖励。精神奖励才是孩子最渴望的。当孩子连续几星期都能按时上学时，你可以做一顿好吃的饭菜，全家人一起会餐庆贺孩子取得的进步。在欢乐幸福的家庭环境中，你的孩子会养成良好的习惯，每天按时上学的。

三、培养孩子全面的学习兴趣

父母亲可以规定孩子要重视每一门学科，但是孩子并不是不想重视，而是实在没有这一方面的兴趣，怎么办？

父母亲要尊重孩子的兴趣，同时，要注意培养孩子的兴趣，不能太迁就孩子。

发现兴趣，因势利导

从父母亲的角度来说，要善于发现孩子的兴趣所在，并且因势利导，不要强迫孩子做不适合他的事情。但有些孩子会利用多元智能理论以及父母亲对兴趣的重视来争取权益，对很多要求他学习的东西都一律声称“我没有兴趣”、“这门课不适合我”，这就让一些父母亲为难了：坚持自己的要求吧，怕委屈了孩子；任由孩子做主吧，又担心将来会阻碍孩子的发展。

这些问题要求父母亲考虑如何培养孩子的兴趣。多元智能理论并不轻易断言孩子绝对不适合哪门功课，因为研究表明，智能结构并不是与生俱来固定不变的，每个人都有能力改进且扩展自己的智能结构。

我们想举例说明如何培养孩子的兴趣。以学数学为例。假如你的孩子不喜欢数学，一般是因为教学内容深了，他跟不上老师的节奏，不被重视，考试成绩差，所以，越来越讨厌数学，怎么办呢？

我们可以先从数学之外想办法。学习兴趣有两种类型，一种是因为喜欢数学所以学习数学，这是对数学本身的兴趣，被称为学习的内部动机；另一种是因为喜欢数学之外的东西（如高分、奖励、名次）而学习数学，这是对数学之外的东西有兴趣，被称为学习的外部动机。从外部动机入手，可以这样安排：

带领孩子一起玩数学游戏，准备难易搭配但总体较容易的几十套题目，让孩子完成，评分，让他看到自己的数学水平是不错的，让他在做数学题时获得成功；有时，你可以准备一式两份，和孩子分别完成，比较速度和得分，让孩子看到自己是很强的。孩子可能会因为成功而喜欢玩数学游戏，你可以在游戏中逐步提高难度，通过分析孩子的错误来帮助孩子克服难点，这样，孩子在学校的数学学习也能跟上，考试成绩也提高了，慢慢就可以从喜欢成功转为喜欢数学。

对孩子在数学方面的努力进行及时鼓励。不要一味地指责孩子的分数低（比如他只有80分，而邻居的孩子有90分），而要看到孩子的细微进步，可能比上次高了两分，也可能在上次出错的地方这次没有出错，还可能是字写得比以前好了，公式写得更规范了。要看到这些，在这些方面鼓励孩子："这次的运算过程比以前写得清晰了，很好，有进步！"你的重视、鼓励，对孩子的学习来说，也是一种很大的促进，孩子为了得到更多的鼓励，也愿意在数学方面投入更多的精力、耐心和细心。

在数学游戏、数学作业或数学考试中安排一定的奖励。有时候，孩子需要一些物质上的、看得见摸得着的东西来刺激一下。这些东西不一定要花钱，可以准备一个小黑板，当孩子表现好时，在小黑板上给孩子贴红花、小红旗；也可以花一点钱，如按时完成一次作业可以奖一张贴画，一周连续按时完成作业奖一次肯德基，成绩提高五分奖一次郊游。花钱的奖励不能滥用，用得多了之后，孩子的胃口越来越大，而你可能承担不起，或者即使承担得起，也会造成其他的问题。有一个爸爸，很在乎儿子的学习，而儿子恰恰不喜欢学习，在假期宣布儿子每写一个字奖两角钱，结果儿子一天写了一百个字，爸爸就反悔了：如果兑现的话，他拿着那么多钱乱花，该怎么办？对孩子的奖励一定要以精神鼓励为主，物质奖励为辅。

在游戏、鼓励、奖励这些外在条件的持续滋养下，孩子可能会慢慢地爱上数学，也就是从外在动机变为内在动机。有了内在动机，也不能高枕无忧，因为孩子可能会遇到挫折，会受到其他的诱惑，父母亲可以继续做如下的工作：

鼓励和肯定孩子

不断地以自然、恰当的方式来表达对孩子的学习劲头的认可，如在买菜回来之后"请我们的小数学家来算一下花了多少钱"，之后表达鼓励。

表达关切，了解孩子的进步和需要

父母亲可以主动向孩子汇报自己的近况，介绍自己的努力和进步，继而请孩子来谈一下学习方面的进步。

引导孩子学会反思和规划

既然孩子对学习感兴趣，就鼓励孩子试着做一个时间计划，把每门课的作业时间安排好，做到有条不紊，这样，父母亲在看到孩子的时间表之后，就基本可以放心了。

适当地对孩子进行思想引导，鼓励孩子坚持到底。人都是有惰性的，孩子学累了或者受到挫折了，就会想放弃，此时，父母亲可以讲一些“一分耕耘、一分收获”、“不经历风雨怎能见彩虹”的故事，最好是与孩子分享自己成长过程中如何克服困难的故事，鼓励孩子振作起来，坚持下去。当然，这些故事和观念，应该从小开始向孩子灌输，让孩子早有储备。

对于有价值的事情学会执着，对于行为习惯和生活态度的养成，是有好处的。它有助于孩子成长为一个意志坚强、不畏困难的人；有助于孩子成长为一个做事有始有终、持之以恒的人。如果凡事都任由孩子朝三暮四，浅尝辄止，不仅孩子一无所成，而且，慢慢养成的生活态度决定了他终生很难有所成就。

细心观察，细致用力

无论是发现孩子的兴趣，还是培养孩子的兴趣，都需要父母亲投入大量时间，细心观察，细致用力。父母亲要有耐心，不要因为邻居家或者同事家的孩子有什么成绩就强求自己的孩子，更不要急于求成、每天恨铁不成钢地指责孩子。总体来说，父母亲对学习的热情、对生活的积极态度，父母亲的关注和鼓励，对于孩子的学习兴趣来说，影响是极其深远的。

四、认真对待每一门功课

有时候你会发现，孩子对一门或者几门功课不感兴趣，不愿意完成这一方面的作业，问他原因，他说："我对这门课没有兴趣"、"这门课不适合我"。这就让一些父母亲为难了：坚持要求，怕委屈了孩子；放弃吧，好像学校也不同意，毕竟每门功课都是要考试的，自己也担心将来会阻碍孩子成功。在这方面，我们要提出的建议是要求孩子认真对待每一门功课。

每个孩子都需要全面发展

除了每门课都要考试，偏科会影响总成绩这个原因之外，我们还要看到的是每个人都需要相对全面的素质，而基础教育阶段的各个学科就对应着不同的素质和生活领域。

英国教育学家斯宾塞曾经对完整的人生所需要的课程进行了分析，他指出：一个人首先需要知道怎样保护自己的生命，所以，他需要学习生理学、医学、营养学、卫生学；而后他要知道怎么谋生，维持生活，所以，他需要学习某些技能，这些学习能够确保他胜任一些职业以获得收入；他生活在家庭之中，在成年后要组织自己的家庭，所以，他要学习与婚姻、家庭、子女教育有关的学问；他生活在社会中，他的活动和社会的状况息息相关，所以，他要学习政治、历史、公民修养等内容；他还要学会审美、娱乐，学会度过自己的闲暇时光。

从这个课程体系来看，学校里所开设的语文、数学、外语、物理、化学、政治、历史、体育、音乐、美术都是有其意义的，孩子不应该随便以"不喜欢"为由而轻言放弃。

心理学中的多元智能理论也支持全面发展。多元智能理论指出，人的智能是一个多元的结构体，由八种不同的智能构成，而每个人的智能结构不一样，各有所长，各有所短；每个人都会对与自己的优势智能相关的活动、事物更感兴趣。

在多元智能中，语文智能和逻辑数学智能共同构成通常所说的智商或智力，这两者是与学校里的考试成绩关系最为密切的，而高考状元的这两种智能大都是非常发达的。多元智能理论提醒父母亲，每个孩子的智能结构是独特的，兴趣也是多样的。华罗庚的兴趣是研究数学公式，贝多芬的兴趣是研究乐谱，而爱迪生的兴趣是摆弄各种各样的化学试剂和玻璃瓶。其他如体育明星、政治家都各有各的兴趣。我们很难要求所有人都具有高考状元那样浓厚的学习语数外的兴趣。

智能类型	对应能力表现	适宜职业
语文智能	有效地运用口头语言或书写文字进行表达、沟通	律师、演说家、编辑、作家、记者
逻辑数学智能	有效地运用数字和推理	数学家、税务人员、会计、统计学家、科学家、计算机软件研发人员
空间智能	准确地感觉视觉空间，并把所知觉到的表现出来	向导、猎人、室内设计师、建筑师、摄影师、画家
肢体运作智能	善于运用整个身体来表达想法和感觉，运用双手灵巧地生产或改造事物	演员、舞蹈家、运动员、雕塑家、机械师
音乐智能	察觉、辨别、改变和表达音乐，对声音的细微变化有较高的敏感性；	歌手、指挥、作曲家、乐队成员、音乐评论家、调琴师
人际智能	敏锐地察觉并区分他人的情绪、意向、动机及感觉	政治、心理辅导、公关、推销及行政等需要组织、联系、协调的工作。
内省智能	有自知之明并据此做出适当行为	心理辅导、神职、哲学家
自然观察者智能	对自然景物有诚挚的兴趣、强烈的关怀及敏锐的观察与辨认能力	自然生态保育者、农夫、兽医、宠物店老板、生物学家、地质学家、天文学家

培养孩子广泛的兴趣

多元智能的揭示，也提醒人们要培养孩子广泛的兴趣。尽管每个人都有每个人的特点，但过早地让孩子专注于某一个方面是不好的，在生活中，我们看到，兴趣广泛的人，更能把握机遇，更能交到好朋友。因而，在兴趣方面，要尽可能促进孩子的全面发展。

在孩子出生之后，我们发现，孩子对各方面的事物都是有一些兴趣的，而且，父母亲也在不自觉中创造了一个促进多种智能和谐发展的环境：这里有语言的刺激，父母亲在对着孩子讲话，给孩子唱儿歌、讲故事；有美术的刺激，给孩子看好看的图画、汉字；有音乐的刺激，如歌声、轻音乐的声音；有运动的刺激，如父母亲每天牵引着孩子活动、做游戏；有自然事物的刺激，带着孩子看花草树木、亭台楼阁；有人际交往的刺激，亲朋好友会围在孩子身旁，跟孩子相互打招呼……

不要过早地专攻一门功课

父母应让孩子多彩的生活保持下去，不要过早地让孩子专攻一项，而忽视其他。比如一个孩子将来是要做刘翔的，他当然要把主要的精力放在体育运动方面；也可能她将来要做宋祖英，她的主要精力应该用在音乐方面；但基本的语数外，做人做事的基本素养还是要具备的。有的父母亲把孩子送到专门的体育学校、艺术学校，只要孩子特长发展得好，其他方面一概不管，等孩子长大以后，就会发现问题。在各地，体校都是有些恶名的，有些的上司机不愿意从体校门前走，不愿意载体校的学生，因为体校在教育学生时，只管学生的训练，对文化课、德育不重视，对于下课后学生相互欺负放任不管，于是，精力充沛的体校学生养成了喜欢打架、以打架能力来奠定地位的习惯，这些学生将来走入社会也很可能走邪路。

即使孩子的兴趣是看书，每天看书看得如痴如醉，小小年纪就懂得很多书上的道理，你也不要太得意，任着他的兴趣来，而是要狠下心来，把他从书桌前拉走，带去做运动，赶出去和小伙伴们一起玩一下，然后再回来继续看书。在生活中我们看到一些高分低能的孩子，他们把全部精力用于读书，而在生活自理、人际交往方面没有相应的锻炼，以致在学校中或毕业之后无法适应社会，这也是不完整的教育所导致的恶果。

央视新闻调查曾经专访了一对特殊的母子，儿子魏永康曾经是远近闻名的神童，他四岁读小学，三年完成六年的小学课程，八岁进中学，13岁开始读大学，17岁开始中科院的硕博连读，然而，读研期间，他从中科院退学回家，原因是长期生活不能自理，不能很好地与人沟通，知识结构单一。在采访中，母亲曾学梅介绍了神童儿子的成长过程：从小希望儿子成为科学家；很早开始教孩子认字、算数；很少带孩子出去玩；带孩子上街时也要让孩子借机练习描述景物的能力；儿子从小不和小伙伴玩，把所有和孩子们玩耍的时间都用在了学习上；母亲不准别人带儿子出去玩，生怕影响他学习；儿子读大学后，母亲陪读，负责洗衣、做饭；没有母亲的督促，儿子不会想到洗澡、换衣服……从这个例子我们可以看到，当母亲成功地把孩子的全部兴趣集中到课程学习上、成功地创造了一个神童的时候，她也酿成了儿子的人生悲剧。

我们希望每个人都能尽可能保持幼年那种多彩的生活，这种生活保持下去，孩子肯定会受益：他/她既能说会算，还能歌善舞，身体健康，乐于交往，兴趣广泛，这样的孩子，比起读书读傻了的书呆子，要可爱得多，也幸福得多。父母亲可以注意培养孩子的特长，强调学习成绩，在他擅长的方面催促他做得更好，但不要轻易放弃其他各个方面，因为一个人要有相对全面的素质，才能有相对幸福而完整的人生。

五、纠正孩子的不良学习习惯

好习惯有各自的好处，不好的习惯有各自的坏处。很多家长对孩子的不良学习习惯很头疼，很生气，但不知道如何是好？

孩子放学后，不把动画片看完不写作业，怎么办？

孩子边看电视边写作业，怎么办？

如果爸妈不在旁边看着，孩子就不会好好写作业，怎么办？

……

面对孩子的各种毛病，家长常见的反应是批评：“每天就知道看电视，快去写作业！”“每次都拖拖拉拉，考试怎么办？”

批评不奏效，家长就会采用其他的方式：

惩罚或者体罚。扣孩子的零用钱，或者更多的情况下是打孩子，让孩子不得不服从。

用奖励来诱惑。有位爸爸对孩子说：“你好好写作业，写一个字奖你一毛钱。”

对孩子放任不管。家长会说：“这孩子我管不了了，随他去吧。”

专家提醒家长，当孩子的表现让你不满意的时候，不要急于责怪孩子，因为孩子不是生来如此的，孩子现在的状况是你培养出来的，那么，很有可能错的不是孩子，而是你，恰恰是因为你在前几年的疏忽、不负责任，导致了现在的局面。你要冷静反省，然后郑重改正。

反思什么？

这样一些问题值得思考：

你的家里安静吗？适合孩子学习吗？

在孩子学习的时候，你是不是在旁边看电视、玩电脑干扰孩子？

你的家里有专门的书桌、书柜和学习设备吗？

你和爱人是不是有学习的习惯，在家里也会看书、学习？

你和爱人是不是给孩子树立了勤奋、进取的榜样？

你和爱人是不是在日常无意中给孩子流露“学不学无所谓”的意思？

你和爱人是不是在日常无意中给孩子流露出“学习好没什么用”的意思?

在调查中，我们发现有这样的家庭：

爸爸和妈妈都极其喜欢打麻将，经常把朋友们叫到家里来打麻将，让孩子在自己的小房间里写作业，当孩子的作业被老师批评或者叫家长时，他们理直气壮地指责孩子不努力、不听话、不懂事；

爸爸和妈妈在外地上班，孩子被交给爷爷和奶奶代为照顾。爷爷奶奶大字不识一个，当孩子看电视时，他们批评孩子，孩子反过来说：“老师说了，让我们多看电视来开阔视野”。他们就让孩子继续看，因为“这是老师说的，老师说的一定没错”。

郑重反思之后，要心平气和地做工作，自己该改正和注意的，要做好；希望孩子改正的，要以平等、尊重的方式与孩子沟通。

要跟孩子讲道理，启发他/她思考美好未来（“想想看，你将来想做什么？”），继而启发他考虑现在应该如何为未来做准备（“好好学习”、“锻炼身体”），然后，告诉孩子“爸爸妈妈之前很对不住你，对你的学习没有很在意，现在必须改正，如果不改，是对你的未来不负责任。”孩子会理解你的。

确立规则，严格执行，寓情于理

规定不完成作业不能看电视，父母亲在孩子做作业期间专心做家务、看书（总之是不看电视、不打麻将、不做任何不是“正事”的事），如果孩子忍不住，严格禁止，实在不行，就退一步，比如完成一门课的作业之后看五分钟电视，但告诉孩子这是临时的。这样做的期间，让孩子知道你们很爱他，严格要求是出于深沉的爱。

及时表扬孩子的进步

及时表扬孩子的进步，给孩子戴高帽子。要纠正孩子的不良习惯，相比批评，表扬、鼓励更容易得到孩子的认可。孩子没有安静写作业的习惯，你不能指望他一下子改好；但只要他一天比一天坚持的时间长，就是进步，就要表扬。如孩子写了二十分钟的作业，开始变得浮躁了，你主动地说："今天坚持得很好，比昨天多坐了五分钟了，再坚持两分钟，休息一下，吃点水果。"孩子极有可能因为你的夸奖和理解而坚持坐更长时间。不需要多少天，安静写作业的习惯就能形成。

提供安静、有序的学习环境

在农村，有的孩子对着电视机写作业，几个孩子能够经得起电视的诱惑？在城市，孩子的书桌上就有电脑，能够坚持写作业的孩子，必须要有很强的自制力。除此之外，还有手机、pad等设备，也是孩子注意力不集中的诱因。父母亲一定要善于规划，让孩子学习的时候安心学习，游戏的时候愉快游戏。

总之，不管孩子是一张白纸，还是已经有了颜色，只要肯花时间，所有好习惯都能培养起来。父母亲要学会冷静思考，到底孩子需要哪些好习惯；如果思考不出结果，就多读几本名人传记，看一下成功人士是如何走向成功的。现在很关键的问题，就是一些家长太浮躁了，不愿冷静思考，不能静下心来读一读值得细心去读的书。希望你不是这样的家长！

六、今天的作业一定要今天完成

中国历来是一个重视学习的国家，在封建时代，"学而优则仕"是普通家庭的孩子改变人生命运同时改变家族地位的基本出路，于是，出现了很多勤奋学习的例子，如"头悬梁、锥刺骨"，如"三更灯火五更鸡，正是男儿读书时"。

现在的孩子不应该学得那么辛苦，但是，珍惜时间，努力完成各项学习任务，却是每个孩子都需要养成的好习惯。

良好的学习习惯受益终身

当我们深入了解一些高考状元、成功人士的成长历程时，我们会发现与成功相伴的很多好习惯；然而，在我们的身边，很多孩子的学习习惯不好，最明显的就是不能按时、高质量地完成作业。

这种问题，在寒假和暑假结束的时候，暴露得最明显。媒体称，假期的最后一个星期是一部分学生“假期综合症”的发作期，症状之一就是要在短短的几天时间里赶完“拖欠”的假期作业。亲戚家里有一个正在读小学四年级的男孩，他在寒假开始的时间里，每天和同学们约着一起玩，打电脑游戏，有时跟着爸爸妈妈走亲戚，从来不主动去做作业，而当爸爸妈妈命令他去做作业时，他总是有各种办法去提条件、减任务；结果，要开学的时候，因为害怕教师的惩罚，就突击完成各项作业。而这时，因为时间紧、任务重，他一味地加快写作业的速度，书写质量很差，更不考虑作业的正确度，写作文也不肯动脑筋思考，这样的作业有量无质，根本达不到布置假期作业的初衷。

据男孩的爸爸介绍，这样赶作业已经成了“习惯”，老师并没有布置很多作业，可是，孩子习惯于把作业推到最后。

拖作业的恶果

把作业推到最后为什么不好呢?

影响知识的掌握和考试成绩

家庭作业、假期作业，是为了检查学生对新知识的掌握、增强他们对IQ知识的记忆和运用而设置的，完成作业，是学习过程中的重要环节。孩子应付性地完成作业，可能只是照着书上抄，照着例题抄，根本没有动脑筋，无法达到巩固和真正掌握的效果。这样，题目一变，他就不会做了，而考试成绩必然会很差。

应付性地完成作业，是对学习不够重视的表现，也可以看作是对老师的不尊重。当孩子把教师布置的作业当成耳边风、草草交差的时候，老师会生气，进行批评教育，而如果屡教不改，老师会对孩子失望，不愿花精力在这个孩子身上。而最后吃亏的，肯定是孩子。

影响孩子的人格和做事风格。

在学龄期，学生是孩子的最重要的角色，而学习是孩子最重要的任务。如果孩子重视学习，总是高质量的完成作业和各种学习任务，这种认真、勤奋、负责任的精神会对他将来的工作和生活带来积极影响，也就是说，他将来也会用这种态度去对待工作，并且能够把最重要的任务放到最重要、最优先的位置来完成。相反，如果孩子在读书的时候不重视学习，把学习任务放到最后，先玩再学甚至只玩不学，这种对工作、任务的不负责任的态度也会在以后的工作和生活中继续保持：当他走上工作岗位之后，当他独立生活的时候，他更喜欢游戏、娱乐，不愿意承担重担、面对困难，遇到难题就退缩。

七、培养孩子良好的学习习惯

好习惯从小抓起

好习惯一定要从小抓起，免得坏习惯先入为主。当孩子进入小学（有些幼儿园大班也开始识字、算数、学英语）时，是孩子学习习惯养成的关键时期。这一段时间，父母亲一定要把孩子的学习习惯作为头等大事来抓：每天放学后不厌其烦地要孩子分享学校里的收获，分享每节课的收获，这个过程中，孩子就学会怎么去复习："告诉妈妈，今天学了哪几个生字啊？……这几个字分别是怎么写啊？……翔翔真棒！"回到家之后，要让孩子先把书包收好，把作业本拿出来，坐在桌前写作业，写完作业才能干别的。作业完成后，父母亲要检查，有时还要出点游戏类的题目考考孩子，检查完要表扬、鼓励，让孩子在学习中尝到乐趣。晚饭后，花时间陪孩子复习和预习（主要是预习，因为作业已经做了复习的工作），从课文中抽出问题来问孩子，引导孩子注意细节。

一步步养成好习惯

习惯的养成，是一步步来的，父母亲可能有很多好习惯，要让孩子一点点地注意到；要求孩子养成的习惯，也要一点点地来操作。希望孩子养成按时完成作业的习惯，可以将这个习惯的培养作为入学第一个月的基本目标，和孩子约定，每天先完成作业再出去玩，这样做到了，一天奖一个星星，积累十颗星就可以去一次动物园。一个月下来，这个习惯就差不多了，父母亲可以再提出“保持作业本清洁”的要求，培养下一个习惯。

通过讲名人故事培养好习惯

除了直接对孩子的培养之外，父母亲还可以通过讲故事的方式让孩子接触到良好习惯。父母亲应该多讲科学家的故事，伟人小时候有关珍惜时间、善于思考、有远大理想等的故事。孩子长期在想象的世界里与小爱迪生、小毛泽东做朋友，自然会对这些伟大人物的好习惯产生亲近感，而且，会逐渐树立理想，形成学习的自觉性，这样，在进行习惯培养时就容易得多。

父母亲做孩子学习的榜样

如果你有辉煌的学习史，有良好的学习习惯，试着回忆一下，把好习惯整理出来，告诉孩子你是如何坚持的；同时，不管你过去的学习习惯好不好，如果你希望孩子有良好习惯，并且向你学习的话，你就要试着把好习惯表演出来，比如，强迫自己读几本书，写读书笔记，每天进行回顾，并且在和孩子聊天时向孩子汇报你的学习进展。当孩子看到你也在学习时，他会向你学习的，而且，当他听到你的汇报后，他会感到他在家里很受尊重，自然会乐于告诉你他的学习进展。

向老师咨询、请教

父母亲要加强和老师的沟通，了解孩子在听课、复习、预习、作业等方面存在的不足。毕竟老师是专业人士，天天和孩子们打交道，对孩子的优缺点把握得比较透，所以，父母亲一定要注意向老师请教。而且，你经常向老师询问、请教，老师也会感到有责任更多地了解你的孩子，无形中给孩子争取了更多的受教育机会。

八、永远不准抄袭作业

家长对孩子的爱，不仅是要让孩子现在过得开心，还要考虑到孩子的未来，考虑到孩子将来能够独立地面对人生，走出自己的一片天下。从自立这个角度来看，诚实是必不可少的品质，而对于学龄期的孩子来说，最基本的诚实就是认真对待作业，永远不能抄袭作业。

有些孩子总是把作业推到最后，而当真正开始写作业的时候就会发现，作业多得无法驾驭，于是，孩子们的小聪明就出现了。最普遍的伎俩是抄袭，抄同学的作业，抄辅导书里现成的答案，抄网上的答案。还有的学生组织“假期作业完成小组”，将假期作业分成5个部分，每个人尽快完成自己的那部分，然后再相互抄袭，于是，这5名同学的假期作业就这样“圆满”完成了。这些孩子可能还会为自己的小聪明而沾沾自喜，然而，知识掌握得不牢，在听讲的时候跟不上进度，被老师揭穿之后无地自容，都是与之相伴的不良后果。

走访一些中学生，我们发现抄作业或者分工完成作业的情况并不是少数。出现这种情况的原因，一方面是老师们在布置作业的时候缺少相互的沟通，为了强调自己的学科的重要性而给学生布置过量的作业，另一方面，就是学生对作业的态度不够端正，认为作业是给老师写的，是老师用来“整”学生的，于是，理直气壮地抄作业。

抄作业，不思考，脑子越来越“不好”

抄作业，把别人的成果当成自己的成果，企图不付出劳动就能得到丰厚的回报甚至是高分数，这种想法是每个孩子都曾有过的，毕竟人是有一定惰性的。然而，如果这种惰性心理得逞，抄来的作业居然得到了高分数，孩子就会迷失本性：不愿自己动脑，不愿勤奋学习，只想坐享其成，等着抄成绩好的同学做好的答案，结果，脑子越来越钝，本来可以学会的东西也学不会了。这个道理，要让孩子明白：抄别人的，毕竟比不上自己把知识学好；靠天靠地靠不住，人生幸福要靠自己的勤奋刻苦。

自己学、自己做

在孩子没有出现抄袭问题时，就要多做预防工作。父母亲可以通过讨论发生在身边的诚信问题，和孩子交流关于诚信问题的看法，继而得出“每个人都要诚实工作”、“勤奋才能有真正的回报”等结论。尤其是当孩子说同学有抄作业的现象时，父母亲更要抓紧时间讲道理，让孩子明白只有自己学会、学好才是硬道理。

不能容忍抄作业行为

如果孩子出现了抄作业的行为，一经查实，一定要给予严惩。要严厉地表达你的愤怒、失望；要求孩子将抄过的作业自己再做一遍；要求孩子向老师写道歉信。

有时因为老师发现孩子抄袭向家长告状，家长觉得孩子让自己丢脸而很生气，这时候要平静下来，因为真正让你生气的，并不是你的面子问题，而是孩子违背了做人的基本原则。这一点，你要冷静地传达给孩子，以免孩子认为你惩罚他只是为了挽回面子。

努力学习，不用抄袭

当然，不能仅仅依靠责备和体罚。要学会分析孩子抄袭的原因，是因为基础太差，还是因为时间没有安排好。父母亲应该耐心地与孩子交流，协助孩子改进学习习惯、补上不懂的功课，这样，才能解决抄作业的问题。

在抄袭作业这个问题上，我们还需要对孩子开展诚信、自爱的教育。孩子要学会爱惜名誉，要视名誉如同生命。当今社会“好事不出门，坏事传千里”，每个人都要学会自重自爱，不要因为自己言行的不慎或者不良而玷污了自己的名誉。孩子要警惕虚荣心、贪图小便宜的心理，坚持用勤奋劳动来争取荣誉和成绩。

好习惯，好成绩

人们对优秀学生的研究表明，对于中小学生来说，有四个习惯是最基本的：第一课前预习；第二上课认真听讲；第三独立完成作业；第四课后复习。每一个好习惯又是由很多个小部分组成的：课前预习，主要是努力将即将学习的内容纳入自己的知识体系，包括按照老师的提示完成预习作业（读课文，查生字，了解大意，尝试用已有知识来解决新题目等），在预习遇到困难时学会作记号或者向父母、老师求助，在课上重点注意自己有疑难的地方。认真听讲，包括课前准备好所有的文具，专心听老师的讲解，按照老师的提示进行读书、练习，工整地记笔记（笔记要清晰，重点突出）；独立完成作业，包括努力建立作业与所学内容的联系，独立运用知识完成作业，在遇到疑难时学会动脑、不断尝试，在有困难时学会冷静处理（停下来，做别的题目，最后再来啃难题）或者求助老师和同学；课后复习，主要是充分利用艾宾浩斯遗忘曲线，下课前后迅速回顾学习重点，半天结束吃饭前把这三四节课学习的重点回顾一遍，晚上睡觉前把一天的学习内容回顾一遍，每隔两天把这两三天的学习内容回顾一遍，每周末对本周学习内容进行回顾，并对难点进行重点记忆。

其他的学习习惯也是很简单的：书写工整，演算清晰，经常梳理自己的知识体系。父母亲如果有心，愿意花时间，抓好预习、听讲、作业、复习这四步常规习惯，孩子就基本上没有多大问题了。好习惯的培养要尽早，“少成若天性，习惯成自然”，如果孩子养成了良好的学习习惯，对学习有较大的自觉性，父母亲在很大程度上就可以放心了；而如果孩子有了不良的学习习惯，父母亲要保持冷静，分析原因，通过鼓励和环境的优化，让孩子改正。

九、如何帮助孩子获得好成绩

孩子成绩的好坏取决于父母

孩子在学校成绩的好坏取决于父母在家对孩子的谈话与沟通方式。父母应有能力帮助孩子改进学习态度，进而改进学习成绩。从心理学的角度看，儿童有可能由于他们感到在家里得不到奖赏而在学校学习成绩欠佳。通常这类儿童的家长不懂得与孩子进行亲切友好交流。

8岁的佳佳的智商为132，应该算是很聪明的孩子，但学校的老师向她的父母反映，说佳佳不太用功，课堂上注意力不集中，思想经常开小差，功课每况愈下。她当内科医生的爸爸觉得是孩子太娇惯了。她妈妈觉得这不是他们父母的错，因为他们的婚姻相当美满。父母都认为他们家境不错，佳佳接受的是最良好的家庭教育。

后来我们发现：佳佳尽管天资聪慧，口齿伶俐，办事细心，可她面对的却是一种使她得不到精神鼓励的家庭环境。即使她做了努力，她也得不到父母的表扬。

其实佳佳的问题就是她的父母造成的。他们对她在学校的辛勤劳动没有给予热情的奖赏。佳佳常常积极努力想争取得到父母的表扬。可当她的尝试失败时，她感到灰心，感到失望。因此她得出一个结论：她在学校所做的努力是没有希望得到父母的承认的。

佳佳的父母难以相信佳佳学习上出现的问题是由父母引起的。请看佳佳的妈妈是如何与孩子谈学习情况的：

佳佳在学校用心学习了一天。放学后她带着她的作业（通常是她的得意之作，如一张满分试卷、一副水彩画或一件手工作业）高高兴兴地回到家。她骄傲地对妈妈说："这是我今天在学校画的画。你看画得漂亮吗？"她的妈妈通常是心不在焉地瞟一眼，然后漫不经心地说："嗯，不错。"接着，她继续忙着擦她的家具。佳佳不甘心，坚持要妈妈说她哪儿画得不错。被惹怒了的佳佳妈妈马上推开孩子："去去去！你没看到我正在忙吗？我现在没兴致与你说话。真是烦人！把画放一边去。"

这种不愉快的经历只能使佳佳得出结论：妈妈好像对学校的事情毫无兴趣，和妈妈谈学校的学习情况得不偿失。她甚至在某种程度上感到她是为了妈妈的关注才遭到妈妈的冷遇。每当她想起这些，她就感到自己蒙受了耻辱。因此，为了避免再次遭受到同样的耻辱，她再也不会冒险与母亲讨论学校的活动。

孩子从学校回来，你和孩子谈些什么、做些什么会对孩子的学习态度直接产生影响。孩子辛苦学习一天之后回到家里时，你要给她一个放松的机会，你要热心地真诚地向孩子询问学校的情况，让她向你汇报她在学校的情况。你对孩子在学校的表现所显示出来的浓厚兴趣会使你和孩子无所不谈。如果可能的话，将这种日常汇报作为一种重要的常规定下来，让孩子到家的那一刻成为你和孩子都感到愉快的特殊时刻。

每天和孩子交流学校的情况

每天孩子放学回家时，你要满面笑容地迎接她，饶有兴趣地听她讲述她在学校的学习情况和所见所闻。让她边讲边吃点巧克力、饼干之类的东西，让她好好放松一下。孩子无论带回什么作业给你看，你都要夸奖一下。这种对孩子的辛勤劳动的称赞和承认将激励她更加刻苦学习，对改进她的学习态度极其有效。

父母们要多多地和孩子进行鼓励性的谈话，让孩子知道父母对她如何在学校度过一天很感兴趣。

你对孩子在学校的活动所怀有的兴趣可以通过许许多多的方式表现出来。其实要不了几分钟的时间，你就可以和孩子进行一次关心式的谈话。例如：你可以对孩子说："真漂亮！告诉我你这手工作业是怎么做出来的；""你做得真好！我好喜欢，我为你感到骄傲！""你今天的作业的的确确做得不错，等爸爸下班回来，我们给他看。""你的画画得很漂亮，星期六去看爷爷奶奶时，把你的画带去给他们看，他们一定也很高兴。"

要给孩子一些机会，让她体会到在你的眼里她是个好孩子，让她感到骄傲，感到光荣，让她从你真诚的赞许中得到乐趣。不管是她的小制作，还是她的优秀作业，都让她拿出来炫耀炫耀。你越是多给她这种展示自己成绩的机会，她会更加刻苦学习去争取更好的成绩。

一个人，无论是成人还是儿童，干任何一件事情，要么是希望获得某种物质奖励，要么是希望获得某种精神奖励。这是人的天性。我们的社会从某种程度上说正是建立在这种奖赏与承认的基础上的，人们取得了成就一般都希望得到社会的承认。你的孩子也不例外，她希望得到你的奖赏与承认。

日常"关心式"的谈话，孩子向你敞开心扉

除了学校生活，她还会向你谈她的各种心事。相互信赖使

你和孩子都感到温暖。相互理解是联系父母与子女之间的情感的纽带。如果孩子在童年时代能把你当作她的朋友，能对你无所不谈，孩子成人以后，你和她之间将仍然会存在深厚的朋友般的情感。

有很多学生，他们功课不好不是由于他们无能，而是他们在家里与父母交谈时经常碰钉子，他们日复一日地饱尝着那种冷漠交流的痛苦。他们渴望得到父母的承认和赞许。可他们的父母却忙于做比和孩子谈话“更重要的事情”去了。

章太太深信她11岁的儿子家明在学习上“毫无希望”。她对家明丧失了信心，因为她、家明的爸爸和学校的老师都警告过家明，如果他在学校再不静下心来专心读书，他这一辈子将一事无成。

其实心里测试表明家明是个很聪明的孩子，智商在130以上。

家明的父母疑问是：如果孩子真有那么聪明，他为什么学不好呢?

孩子学不好的原因在于父母的方法错了。父母对孩子的态度使得孩子把学校当成一个可怕的地方，一个总是让他失败的地方。他甚至感到这样下去他这一辈子都别想从失败中走出来。

家明的问题很有代表性。有不少像家明这样的孩子，他们有才能，在学习方面还有很大的潜力没有发挥出来。他们的父母或老师不是用积极的方法去帮助他们发掘潜力，而是直接或间接地用一种十分消极的方法使他们一步一步地走上厌学的道路。

激发孩子的学习热情

采用正确的方法、遵循正确的规矩你能重新激发孩子的学习热情，改变孩子对学校的看法，提高孩子的学习成绩。不过，要想获得成功，作为父母，你必须彻底改变那种冷漠的态度和有损孩子心理健康的教育方法。

不要因为孩子某几门功课不及格而呵斥他，不要把他和他的兄弟姐妹或邻居相比，他的兄弟姐妹或邻居家的孩子也许学习成绩比他好，但是你那调皮的孩子不想听你谈别的孩子比他好。

有的父母给孩子下定论，说孩子是“懒骨头”、“笨蛋”、“反应迟钝”、“朽木不可雕”等等。许多有才华的孩子不知不觉地拒绝提高学习成绩，以此来报复父母。孩子挨的批评越多，他就故意表现得越坏。

为什么家明不爱学习？其隐秘的原因是在过去的几年里，他已经慢慢地患上了一种“失败症”。他常常失败，因此对自己完全失去了信心。他讨厌自己，他感到沮丧，感到成功无望。为了改变这种状况，首先要帮助他恢复自信。

让孩子充满自信

你可以从作业入手。开始阶段，给孩子布置一点你确信他毫不费劲就可以完成的作业。以后慢慢增加作业的难度。注意务必使孩子尝到成功的甜头，务必使他总是充满信心——这是解决他学习上所有问题的诀窍。

如果你的孩子的数学非常糟糕。比方说，孩子做多位除法很吃力，但会做加法、减法和乘法，那你就让他从加、减做起。务必每次让孩子至少做对75%的题，也就是说，你出的题目，百分之七十五都在孩子能做的范围之内。然后慢慢地出少量难度大点的习题。孩子的作业及格了就表扬他。千万不要强迫孩子做一连串的数学难题。这样的难题对他无疑意味着失败。

如果你的确觉得某门功课对孩子来说特别困难，你可以暂时把它搁下来。先让他做他最喜爱和最擅长的功课。一开始就得到父母的称赞，孩子会充满信心。这样他也会乐意试试他认为难的功课。

循序渐进地提高孩子的学习成绩

孩子学习成绩的提高是一个循序渐进的过程。缺乏耐心的父母在辅导孩子学习时犯的最大错误就是操之过急，对孩子期待过多。孩子需要一些时间来恢复自信。他肯定讨厌有人给他时间压力要他在短时间内把各门功课赶上去。

你可将各门功课分成几个简单的阶段，每个阶段突出一个重点。切忌强迫孩子加快学习速度，千万别做这种尝试。否则，孩子会焦虑不安，不知所措，精力不集中并且特别健忘，因为在他内心深处，他强烈地怨恨你及你强迫他学的功课。

灵活多样的学习方式

厌倦是学习的大敌。灵活多样的学习形式是避免孩子对日常学习产生厌倦情绪的关键。所以，你要充分发挥你的想象力，有时候给孩子一点视听作业——那种看得见摸得着的作业。可能的话，给孩子买一本适合于他这个年龄的百科全书、一台电脑、几张地图、一套绘画用品（画笔、画纸、颜料）等等。这些东西可让孩子调剂他的学习活动，保持他的学习兴趣。

开发孩子的智力

父母要让孩子体验丰富多彩的生活，开发孩子的智力，常带孩子去逛公园，游动物园，参观博物馆、图书馆等。在这些场所游览参观，你和孩子可以仔细观察并且自由讨论你们的所见所闻。父母要不断地寻求各种新颖的方法去激发孩子的好奇心，促进孩子的智力发展。请记住，如果你有一颗好奇心，你的孩子也会有。

孩子的作业孩子做

孩子的作业要让孩子亲自动手，绝不可以让孩子依赖你帮他做家庭作业。每当他有作业不会做的时候，你就感到灰心，迫不及待地跑来为他代劳，那么他永远也别想学会做这类作业。你得让孩子通过犯错误、通过付出艰苦的劳动获得知识。这样孩子才知道，只有他自己才能为自己的家庭作业负全部责任。你必须鼓励孩子动脑筋、想办法，自己解决难题。孩子被一道难题难住了，如果你代他做，一旦形成习惯，他就会有依赖思想。所以，请你不要过分辅导孩子。要培养孩子独立分析问题和解决问题的能力。家庭作业由孩子负责，而不是由家长负责。

安排一个专门供孩子学习的地方

如有可能，你可在家里为孩子安排一个专门供他学习的地方，这个地方安静舒适。孩子在这里能专心学习，不受家人或客人的影响，不受电话铃声的干扰。把这块地方布置得好好的——有书桌，有舒适的椅子，光线充足，有书架，有孩子做功课时所必需的一切用品。这个地方必须既能使孩子不受干扰，又很实用，让孩子感到他有一块属于自己的领地，他人必须尊重他对这块领地的主权，让你的孩子在这儿有效地完成自己的作业。

父母爱学习，孩子学得好

最后，要想孩子对学习感兴趣，获得好成绩，父母必须做表率。让孩子看到你们在如饥似渴地学习，在孜孜不倦地读有益的书并和他人一起讨论有关学术问题，孩子在这样的环境中自然会热爱学习，当然会学得很好。

第四篇

附：好传统家庭教育经典与忠告

“修身齐家治国平天下”，是中国人所设定的人生目标，重视子女教育，是历代思想家的共同特点。《颜氏家训》、《朱子家训》、《小窗幽记》、《论语》、《孟子》、《弟子规》等中的很多话，现在读来，也是有警醒意义的。在本书的最后，我们精选了一些经典语录，与读者朋友们分享并共勉。

一、夫上智不教而成

原文

夫上智不教而成，下愚虽教无益，中庸之人，不教不知也。古者，圣王有胎教之法：怀子三月，出居别宫，目不邪视，耳不妄听，音声滋味，以礼节之。书之玉版，藏诸金匮。生子咳喂，师保固明孝仁礼义，导习之矣。凡庶纵不能尔，当及婴稚，识人颜色，知人喜怒，便加教诲，使为则为，使止则止，比及数岁，可省笞罚。父母威严而有慈，则子女畏慎而生孝矣。

《颜氏家训》

今译

上等智慧的人不用教育就能成才，下等愚昧的人即使教育再多也不起作用，只有绝大多数普通人要教育，不教就没有智慧。古时候的圣王，有“胎教”的做法，怀孕三个月的时候，出去住到别的好房子里，眼睛不能斜视，耳朵不能乱听，听音乐吃美味，都要按照礼仪加以节。还得把这些写到玉版上，藏金柜里。等胎儿出生还在幼儿时，担任“师”和“保”的人，就要讲解孝、仁、礼、义来引导学习。普通老百姓家纵使不能如此，也要在婴儿识人脸色、懂得喜怒时，对孩子加以教导训诲，叫做就得做，不让做就不做，这样，等孩子长大后，就用不着鞭打惩罚了。只要父母既威严又慈爱，子女自然会敬畏、谨慎而有孝行了。

给家长的忠告

颜之推是我国魏晋南北朝时期著名的文学家和教育家，他撰写的《颜氏家训》是中国第一本论述家庭教育的课本。他反对过分溺爱孩子，从各个方面对孩子提出了规矩和要求。本段提出绝大多数孩子都是智力正常的孩子，他们需要接受教育，而且要尽早开展规则的教育，父母要既威严又慈爱，不要因为孩子小而娇惯。对孩子的教育，要尽早开始，很多家长已经意识到“教育从零岁开始”的重要性，而事实上，注重优生，在怀孕期间就进行一定的胎教，对于孩子的发展来说，也是很有帮助的。胎教到底有多大作用，这一点没有定论。在怀孕期间，准妈妈多听一些舒缓的轻音乐，多读一些精美的文章，多在美好的大自然中走走、看看，保持愉快的心情和健康的身体状态，对胎儿的发育，是有好处的。而下面的一段就是反例了。

二、吾见世间无教而有爱

原文

吾见世间无教而有爱，每不能然，饮食运为，恣其所欲，宜诫翻奖，应呵反笑，至有识知，谓法当尔。骄慢已习，方复制之，捶挞至死而无威，忿怒日隆而增怨，逮于成长，终为败德。孔子云：“少成若天性，习惯如自然。”是也。

《颜氏家训》

今译

我看到世上有些家庭对孩子不讲教育而只有慈爱，不能做到对孩子进行节制。孩子要吃什么就吃什么，要干什么就干什么，任意放纵孩子，不加管制，该批评时反而夸奖，该责骂时反而欢笑，到孩子长大一些，就会认为这样做是理所当然。而到骄傲怠慢已经成为习惯时，父母亲才开始去加以制止，然而，纵使鞭打得再狠毒也树立不起威严，愤怒得再厉害也只会增加孩子对父母的怨恨，直到长大成人，孩子最终成为品德败坏的人。孔子说："从小养成的就像天性，习惯了的也就成为自然。"就是这个道理啊。

给家长的忠告

本段说明，忽视早期的规则，就会留下祸根。小时若形成不好的习惯，长大了很难纠正。所以，家长要抓好孩子的第一步。但做到这一点是很难的，小孩子的要求往往容易满足，都是成人可以做到的，所以成人就会迁就，但慢慢胃口大了，就麻烦了；小孩子的不良行为一开始也很微小，然而，如果得到纵容，事态就会越来越恶劣。最近发生的药家鑫事件、李刚事件，就是前车之鉴。儒家提醒我们：勿以恶小而为之。这句话，对于家长来说，可以改为"勿以恶小而纵之"。

三、同言而信

原文

同言而信，信其所亲；同命而行，行其所服。

《颜氏家训》

今译

同样的言语，从不同的人嘴里说出来，人们会相信亲近的人说的；同样的命令，人们会执行所佩服的人所提出的。

给家长的忠告

孩子尊重、服从他喜欢和敬重的人，所以要注意亲子关系的经营，多多陪伴孩子，努力得到孩子的认可和尊重。在幼儿期，孩子有大量时间和父母亲待在一起，父母亲可以对孩子进行很顺利的教育；而在青春期，如果父母不能保持孩子对他们的认可和尊敬，就很难教育。

四、人在年少

原文

人在年少，神情未定，所与款狎，熏渍陶染，言笑举动，无心于学，潜移暗化，自然似之，何况操履艺能，较明易习者也！是以与善人居，如入芝兰之室，久而自芳也；与恶人居，如入鲍鱼之肆，久而自臭也。墨子悲于染丝，是之谓矣，君子必慎交游焉。孔子曰："无友不如己者。"颜、闵之徒，何可世得，但优于我，便足贵之。

《颜氏家训》

今译

人在年少的时候，精神意态还没有定型，和人家交往亲密，受到熏渍陶染，人家的一言一笑一举一动，即使无心去学习，也会潜移默化，自然相似，何况人家的操行技能，是更为明显易于学习的东西呢！因此和善人在一起，如同进入养育芝兰的花房，时间一久自己也有了香味；如果和恶人在一起，如同进入卖鲍鱼的店铺，时间一久自己也有了腥臭味。墨子看到染丝的情况，感叹丝染在什么颜色里就会变成什么颜色。所以，君子在交友方面必须谨慎。孔子说："不要和不如自己的人做朋友。"像颜回、闵损这样的人，哪能常有，只要有胜过我的地方，就是很可贵的朋友。

给家长的忠告

人是很容易受到朋友的影响的，每个人都要谨慎地选择朋友。而在家庭教育中，父母亲要关注孩子的社会交往，多多引导孩子交好朋友。这种引导工作要做得巧妙，不能强加于人。父母亲不要简单地否定孩子的朋友，这样会伤害孩子的自尊心，加重亲子之间的矛盾。

五、黎明即起

原文

黎明即起，洒扫庭除，要内外整洁；既昏便息，关锁门户，必亲自检点。一粥一饭，当思来处不易；半丝半缕，恒念物力维艰。宜未雨而绸缪，毋临渴掘井。自奉必须俭约，宴客切勿留连。器具质而洁，瓦缶胜金玉；饮食约而精，园蔬胜珍馐。勿营华屋，勿谋良田。

《朱子家训》

今译

每天早晨黎明就要起床，先用水来洒湿庭院内外的地面然后扫地，使庭堂内外整洁；到了黄昏便要休息并亲自查看一下要关锁的门户。对于一顿粥或一顿饭，我们应当想着来之不易；对于衣服的半根丝或半条线，我们也要常念着这些物资的产生是很艰难的。凡事先要准备：没有下雨的时候，要先把房子修补完善；不要到了口渴的时候才来掘井。生活上必须节约，聚会在一起吃饭切勿流连忘返。餐具质朴而干净，虽是用泥土做的瓦器，也比金玉制的好；食品节约而精美，虽是园里种的蔬菜，也胜于山珍海味。不要营造华丽的房屋，不要图买良好的田园。

给家长的忠告

黎明即起，是说人要早起，则神志清醒，办事从容。所谓“一日之计在于晨，一年之计在于春，一生之计在于青”。推而广之，可以影响到一个人一生的事业。洒扫庭除，使屋内屋外干净整洁，是文明卫生的基本要求，应该每天坚持。教育的宗旨在于养成好习惯，培养勤劳与节俭的良好品德。

六、人之有子

原文

人之有子，多于婴孺之时，爱忘其丑，恣其所求，恣其所为。无故叫号，不知禁止，而以罪保母。陵轹同辈。不知戒约，而以咎他人。或言其不然，则曰小未可责，日渐曰渍，养成其恶，此父母曲爱之过也。及其年齿渐长，爱心渐疏，微有疵失，遂成憎怒。摭其小疵，以为大恶，如遇亲故。妆饰巧辞，历历陈数，断然以大不孝之名加之，而其子实无他罪。此父母忘憎之过也。爱憎之私，多先于母氏，其父若不知此理，则徇其母氏之说，牢不可解。为父者须详察此，子幼比待以严，子壮无薄其爱。

《小窗幽记》

今译

世人有了儿子，大多在其幼小时候百般疼爱，看不到其任何缺点，尽可能满足其欲求，对其言行听之任之。孩子无理取闹，家长不去禁止，反而怪罪保姆。孩子欺侮其他孩子，家长不去制止，反而指责他人的不是。有人指出孩子的错误，做家长的借口孩子太小，不忍心责罚，任其日积月累，逐渐养成不良的品行，这完全是父母溺爱的结果。等到孩子长大成人，父母的爱心便渐渐淡薄，孩子稍微犯了一点过失，父母便大发雷霆，抓住小孩的小错，当做不可饶恕的大错，遇到亲戚朋友，就添盐加醋，一桩桩地数个没完，还把大逆不道的罪名强加在孩子头上，实际上孩子并没有什么大不了的过错。这就是父母轻率发怒的害处。爱惜和憎恶不当，多数是由母亲引起的，做父亲的没有弄清事实真相，就听信做母亲的话，深信不疑。所以做父亲的应当注意这一点，在孩子年幼时要严格要求，在孩子成年后不要使爱心淡薄。

给家长的忠告

父母除了时时体现对孩子的爱心外，更要对孩子严加管教。教育孩子应从年幼时开始，不能借口孩子太小而溺爱孩子，放松对孩子的严加管教，也不要因为孩子大了而削弱对孩子的爱。

七、人生至乐无如读书

原文

人生至乐无如读书，至要无如教子。父子之间不可溺于小慈。自小律之以威，绳之以礼，则长无不肖之悔。教子有五：导其性、广其志、养其才、鼓其气、攻其病，废一不可。养子弟如养芝兰。既积学以培植之，又积善以滋润之。人家子弟惟可使觌德，不可使见利。富者之教子须是重道，贫者之教子须是守节。子弟之不贤不肖系诸人，其贫富贵贱系之天。世人不忧其在人者而忧其在天者，岂非误耶？

《小窗幽记》

今译

人生最大的乐趣莫如读书，最重要的事就是教子。父子之间不能总是沉浸在溺爱、仁慈之中。对孩子，从小就要威严，用礼义的准则来要求要求他，长大后就不会因为他不贤无能而后悔。教育孩子要从以下五点做起，诱导他的秉性，拓展他的志向，培养他的才能，鼓舞他的勇气，克服他的毛病。这五点，缺一不可。培养子弟就像培养芝兰一样，既要积累学时来培植他，又要用善良美好的情感来滋润他。对于家中子弟，只能使他随时看到美好的道德，不能让他过多看到世俗的功利而受到诱惑。对于富贵人家的子弟，必须要求他重视道义，对于贫穷人家的子弟，教育他应该恪守节操。子弟的贤能与否是由人的教育决定的，贫富与贵贱是天生的。现在人们不去担心那些由人决定的事情，却操心那些天生的事情，这难道不是错误的吗？

给家长的忠告

人生最大的快乐是读书，最重要的事情就是教育子女。教育子女要讲求方法，父母既要有学识又要有情感。富裕家庭要教育孩子讲求道义，贫穷家庭要教育孩子恪守节操。

八、慎其所以责让之

原文

卑幼有过，慎其所以责让之者。

对众不责，愧悔不责，暮夜不责，正饮食不责，正欢庆不责，正悲忧不责，疾病不责。

《小窗幽记》

今译

卑幼的人有过失，在责备的时候应该慎重。

众人面前不责备，惭愧后悔不责备，夜晚不责备，吃饭时不责备，正在欢庆时不责备，正在忧伤时不责备，正在患病时不责备。

给家长的忠告

批评教育孩子要讲求时机。父母如果能在合适的时间采用合适的方法教育批评孩子，就不会引起他们的反感，孩子易接受，教育的效果也好。

九、视其所以

原文

视其所以，观其所由，察其所安。

《论语》

今译

看他所做的事，考查他做事的原因，观察他的兴趣所在。

给家长的忠告

了解孩子是教育孩子的前提。孩子做了一件事，要了解他的理由，分析这件事背后的心理基础，如孩子的兴趣爱好。这样才能真正地了解孩子。

十、知之为知之

原文

知之为知之，不知为不知，是知也。

《论语》

今译

知道就说知道，不知道就承认自己不知道（并且虚心求教），这样才是聪明的表现。

给家长的忠告

父母在不了解孩子究竟想些什么时，一定不要以为自己完全明白孩子在想些什么，而要倾听孩子，这样才能更好地走进孩子的内心世界。另一方面，不要以为教育孩子是不需要学习的，在家庭教育方面要有学习精神，虚心求教。

十一、里仁为美

原文

里仁为美。择不处仁，焉得知？

《论语》

今译

和正人君子住在一起，是好的。在选择住所时不选择正人君子做邻居，哪里有一点聪明呢？

给家长的忠告

孟母三迁的故事，是《三字经》有记载的。为了给孩子创造良好的学习和成长环境，孟母做出了巨大的牺牲。当代我们也要重视孩子的成长环境，尽量选择自然环境优美、人文氛围良好的社区。要选择学历背景相当、教育理念相近的家长交朋友，大家经常一起交流，相互促进。

十二、子路有闻

原文

子路有闻，未之能行，唯恐有闻。

《论语》

今译

子路在听到一个道理之后，在还没有实行的时候，很怕又听到一个新的道理，因为这样会影响他实践上一个道理。

给家长的忠告

父母也要好好思考所听到的每一种观点，认真地制订方案，如果一次听得太多，回去又不去反思，所听到的道理很快就会忘掉，家庭生活和家庭教育并没有得到改善。

十三、三军可夺帅也

原文

三军可夺帅也，匹夫不可夺志也。

《论语》

今译

军队可以没有元帅，但一个人不能没有志向和理想。

给家长的忠告

父母对子女要有较高的期望，子女也要自觉地树立理想。如何让子女保持梦想？父母要鼓励，要进行早期教育，不要让孩子失去自信。为什么有的孩子没有理想？因为父母没有发现他们的长处，因为在进入学校之后在同学面前不能建立自信。

十四、司马牛忧曰

原文

司马牛忧曰：“人皆有兄弟，我独亡。”子夏曰：“商闻之矣：‘死生有命，富贵在天’。君子敬而无失，与人恭而有礼。四海之内，皆兄弟也。君子何患乎无兄弟也？”

《论语》

今译

司马牛很忧虑地说：“别人都有兄弟，我却没有。”子夏说：“我听过这样的话：‘生和死是由命运决定的，富和贵是由老天决定的。’君子做事保持恭敬，没有过失，对别人有礼貌，这样，四海之内的人都可以成为兄弟。君子有什么必要担心家里没有兄弟呢？”

给家长的忠告

有没有兄弟不由自己说了算，但能不能被别人所认可，由自己的行动决定。家庭教育强调要给孩子提供同伴交往的机会，在这种机会中，让他和同伴交往，交朋友，能否交朋友，就看孩子的表现。在独生子女政策下，绝大多数家庭只有一个孩子，但独生子女并不必然要孤独地度过童年。父母也不要抱怨自己没有亲戚朋友，孩子没有朋友，父母自己应该和邻居交朋友，帮孩子找伙伴。

十五、爱之，能勿劳乎

原文

爱之，能勿劳乎？忠焉，能勿诲乎？

《论语》

今译

爱他，能不让他劳作吗？对他坦诚，能不教导他吗？

给家长的忠告

教导孩子，是父母亲的重要责任，“养不教，父之过”。不过，在教导孩子的时候，要注意方式方法，不能一味地批评和指责。

十六、人无远虑

原文

人无远虑，必有近忧。

《论语》

今译

一个人如果没有长远的谋划，烦恼就会不断地找上门来。

给家长的忠告

有远虑的人，遇到的问题都是已经想到的，所以解决起来容易。智慧的父母要有预见性，能够防患于未然。

十七、独乐乐

原文

独乐乐，与人乐乐，孰乐？不若与人。

《孟子》

今译

一个人快乐，和别人一起快乐，哪一个更快乐？一个人快乐不如和别人一起快乐。

给家长的忠告

孩子自小也喜欢与别人一起快乐。另一方面，就成人而言，不仅希望自己欢乐，也希望别人都欢乐，是正常的欢乐观，这也应该成为成人的一种正常心态。中国人的“红眼病”，是应该纠正的。成人要学会合作与分享。这一代成人应该从观念上自觉地改正，下一代人应该从小开始合作活动。

十八、宋人有闵

原文

宋人有闵，其苗之不长而揠之者，芒芒然归，谓其人曰：“今日病矣！予助苗长矣！”其子趋而往视之，则苗槁矣。天下之不助苗长者寡矣。以为无益而舍之者，不耘苗者也；助之长者，揠苗者也——非徒无益，而又害之。

《孟子》

今译

古时候宋国有个人，嫌禾苗长得太慢，就一棵棵的往上拔起一点，回家还夸口说：“今天禾苗病了，我帮助苗长了！”他儿子听说后，到地里一看，苗都死了。天下不助苗生长的人实在很少啊。以为没有用处而放弃的人，就像是不给禾苗锄草的懒汉。妄自帮助它生长的，就像拔苗助长的人，非但没有好处，反而危害了它。

给家长的忠告

父母应如何促进孩子的成长呢？父母为孩子提供良好的条件，遵循其身心发展规律，孩子才能茁壮成长。反之，则是害了孩子。

十九、以顺为正者

原文

以顺为正者，妾妇之道也。居天下之广居，立天下之正位，行天下之大道；得志，与民由之，不得志，独行其道；富贵不能淫，贫贱不能移，威武不能屈，此之谓大丈夫。

《孟子》

今译

以顺从为原则的，是妾妇之道。至于大丈夫，则应该住在天下最宽广的住宅里，站在天下最正确的位置上，走着天下最光明的大道。得志的时候，便与老百姓一同前进；不得志的时候，便独自坚持自己的原则。富贵不能使我骄奢淫逸，贫贱不能使我改移节操，威武不能使我屈服意志。这样才叫做大丈夫！

给家长的忠告

不能要求孩子时时听话，这样的孩子只学会察言观色，而不能成为大丈夫。听话不是一种最重要的德行。在孩子逆反时也要注意，因为孩子要学会自己分析问题。

二十、孟子谓戴不胜曰

原文

孟子谓戴不胜曰："子欲子之王善与？我明告子。有楚大夫于此，欲其子之齐语也，则使齐人傅诸？使楚人傅诸？"曰："使齐人傅之。"曰："一齐人傅之，众楚人咻之，虽日挞而求其齐也，不可得矣。引而置之庄岳之间数年，虽日挞而求其楚，亦不可得矣。子谓薛居州，善士也，使之居于王所。在于王所者，长、幼、卑、尊皆薛居州也，王谁与为不善？在王所者，长、幼、卑、尊皆非薛居州也，王谁与为善？一薛居州独如宋王何？”

《孟子》

今译

孟子对戴不胜说：“你希望你的君王贤明吗？我明白告诉你。这里有位楚国官员，希望他的儿子会说齐国话，那么，找齐国人来教呢，还是找楚国人来教呢？”载不胜回答道：“找齐国人来教。”孟子说：“一个齐国人来教他，很多楚国人干扰他，即使每天鞭打他要他说齐国话，也是不可能的。假如带他在庄、岳闹市区住上几年，即使每天鞭打他要他说楚国话，也是不可能的。你说薛居州是个很好的人，让他住在王宫中。如果在王宫里，年龄大的、年龄小的、地位低的、地位高的都是如薛居州那样的好人，那么君王同谁做不好的事呢？如果在王宫里，年龄大的、年龄小的、地位低的、地位高的都不是像薛居州那样的好人，那么君王同谁去做好事呢？一个薛居州，又能把宋王怎么样呢？”

给家长的忠告

父母不仅要自己明白怎样的环境对孩子好，还要动员其他人都知道，如祖父母，老师们，以及周围的社会成员。父母不能和孟母一样地搬迁，但可以向社会呼吁一种更好的环境。

二十一、爱人不亲

原文

孟子曰：“爱人不亲，反其仁；治人不治，反其智；礼人不答，反其敬。行有不得者皆反求诸己，其身正而天下归之。《诗》云：永言配命，自求多福。”

《孟子》

今译

孟子说："爱别人却得不到别人的亲近，那就应反问自己的仁爱是否不够；管理别人却不能够管理好，那就应反问自己的管理才智是否有问题；礼貌待人却得不到别人相应的礼貌，那就应反问自己的礼貌是否到家——凡是行为得不到预期的效果，都应该反来检查自己，自身行为端正了，天下的人自然就会归服。《诗经》说：'长久地与天命相配合，自己寻求更多的幸福。"'

给家长的忠告

爱孩子但孩子不理你，那是你的方法有问题。

二十二、父母呼

原文

父母呼　应勿缓　父母命　行勿懒

父母教　须敬听　父母责　须顺承

《弟子规》

今译

父母叫你，就应该赶快答应，父母有什么事要你做，不要拖拖拉拉，懒懒散散。父母在教诲我们的时候，要恭恭敬敬地去领受。父母责罚我们的时候，应该虚心接受，好好检讨，反省改过。

给家长的忠告

孩子应从小养成孩子良好的礼貌、生活及行为习惯，拥有良好的习惯将会终身受益。

二十三、贻亲忧

原文

贻亲忧　德有伤　贻亲羞

《弟子规》

今译

要爱惜身体，遵守道德。身体有了伤痛，会让父母担心；道德出了毛病，会让父母亲丢丑。

给家长的忠告

孩子的发展包括身心的全面发展。身体是“革命”的本钱，道德是立身之本。

二十四、晨必盥

原文

晨必盥　兼漱口　便溺回　辄净手

冠必正　纽必结　袜与履　俱紧切

置冠服　有定位　勿乱顿　致污秽

衣贵洁　不贵华　上循分　下称家

对饮食　勿拣择　食适可　勿过则

年方少　勿饮酒　饮酒醉　最为丑

步从容　立端正　揖深圆　拜恭敬

《弟子规》

今译

清晨起床后，必须洗脸漱口；上了厕所后，要把手洗干净。帽子要戴正，纽扣要系好，袜子和鞋子也都要穿得服帖。放置帽子和衣服，要有固定的地方，不可以到处乱丢，以致于弄乱弄脏。穿衣服贵在整洁，不在华丽；有职位的人要穿得符合身份，平常的人要穿得和家境相符。饮食不要挑挑拣拣，偏食会营养不良；吃东西也要适可而止，饮食过量会损伤脾胃。年龄还小的时候，不要像大人那样喝酒；喝酒醉倒，样子是最难看的。走路要不慌不忙，站立要姿势端正，作揖时要弯腰，让身体成一弯形，尽可能表示出你的恭敬。

给家长的忠告

父母应培养孩子养成良好的卫生习惯和生活习惯。穿衣、吃饭、走路都要有规矩。

二十五、用人物

原文

用人物　须明求　倘不问　即为偷

借人物　及时还　后有急　借不难

凡出言　信为先　诈与妄　奚可焉

《弟子规》

今译

要使用别人的东西，我们要明明白白地向人请求。如果不经过他人同意，就拿来用了，这等于是偷窃。借了别人的东西，要及时归还，如果别人向你借东西，只要有，就不要吝啬。说话最要紧的是要诚实讲信用；说谎话，说胡话，都是不可以的。

给家长的忠告

做人要有规则，要有物权意识，要有诚信意识。小时贪别人的钱财，长大可能会成为贪腐之人，走向堕落的深渊，家长应及早警示孩子。

二十六、见人善

原文

见人善　即思齐　纵去远　以渐跻
见人恶　即内省　有则改　无加警
唯德学　唯才艺　不如人　当自砺
若衣服　若饮食　不如人　勿生戚

《弟子规》

今译

看见别人有好的品质，就要向他看齐；哪怕同他相差很远，只要坚持下去，慢慢地总会赶上去的。看见别人的缺点或不良的行为，要反躬自省，检讨自己是否也有这些不是，有则改之，无则加勉。一个人应当重视自己的品德、学问和才能技艺的培养，如果感觉到有不如人的地方，应当努力奋发图强。至于穿着、饮食的优劣，则不必放在心上，更不必自卑。

给家长的忠告

这段话教育孩子要学会见贤思齐，及时反省自己的行为，使自己奋发向上。

二十七、读书法

原文

读书法　有三到　心眼口　信皆要
方读此　勿慕彼　此未终　彼勿起
宽为限　紧用功　工夫到　滞塞通
心有疑　随札记　就人问　求确义
房室清　墙壁净　几案洁　笔砚正
墨磨偏　心不端　字不敬　心先病
列典籍　有定处　读看毕　还原处

虽有急　卷束齐　有缺坏　就补之
非圣书　屏勿视　蔽聪明　坏心志

《弟子规》

今译

读书的方法，讲究三到；就是心到，用心地想；眼到，仔细地看；口到，专心地读，这三条都是很重要的。正在读着这本书，不要想着又去读那本书。这本书没有读完，另一本书不要拿出来，读书要用心专一。学习的时间要安排得多一点，但是还要抓紧用功；只要功夫到了，不懂的地方自然会弄清楚。学习时心里有疑问，应随时记下来，有机会就找人请教，确确实实理解清楚。读书的房间要安静，墙壁要干净，书桌要整洁，文具要放端正，这才像个读书的样子。如果内心不端正，磨墨就容易磨偏；如果内心有杂念，字就不容易写端正。学习要专心致志。重要的书籍，要放在固定的地方，这样便于查寻，书看完后，也应放回原处。读书人要爱惜书，即使遇到急事，也要把书捆扎整齐，发现书本有缺损，要立刻把它补好。不是高雅有益的书，要丢开它，不能去看，要不就会埋没自己的才智，更会损害自己的思想和志向。

给家长的忠告

这段话讲明了读书的好习惯。读书应做到眼到、心到、口到。读书要用心专一，不能心存杂念。学习要抓紧用功，要不懂就问。要多读书，读好书。